LA SEXUALIDAD FEMENINA

Reconceptualización surrealista y postmoderna
por Cristina Escofet e Isabel Allende

Zoila Clark

University Press of America,® Inc.
Lanham · Boulder · New York · Toronto · Plymouth, UK

Copyright © 2010 by
University Press of America,® Inc.
4501 Forbes Boulevard
Suite 200
Lanham, Maryland 20706
UPA Acquisitions Department (301) 459-3366

Estover Road
Plymouth PL6 7PY
United Kingdom

Library of Congress Control Number: 2010927819
ISBN: 978-0-7618-5222-3 (paperback : alk. paper)
eISBN: 978-0-7618-5223-0

Cover Image: Lillith-Eve by Zoila Clark

A mi tía Chelita, quien tuvo que casarse con su violador por proteger el honor familiar al quedar embarazada. Desafortunadamente, no podrá entender este texto porque después de años de tratamiento medicado y psiquiátrico para aprender a desear a los hombres, ha quedado muy dócil y con poca capacidad mental.

A quienes hayan experimentado violencia psíquica o física por género, clase, raza, edad, nivel de educación, tipo de trabajo, etc. y busquen formas de cambiar tales esquemas de poder para crear un mundo más solidadario.

"El deseo de la mujer no tiene nombre, es difícil de atrapar por el lenguaje. Quizás porque no reside sólo en lo visible, en lo exterior, en lo que se puede tocar, ver o poseer. De ahí, también, que el lenguaje del deseo masculino y femenino sea completamente diferente" (176).

Cristina Peri Rossi
Fantasías eróticas

"We can work magic; we can change the culture" (84)

Isabel Allende
Women of Wisdom: Empowering the Dreams and Spirit of Women

"Lo que sucede cuando nuestra mirada atraviesa el marco arquetípico (modélico) desde el cual hemos sido conformadas…" (13).

Cristina Escofet
Arquetipos, modelos para desarmar

Contenidos

Capítulo 1: Surrealismo, postmodernismo y feminismo

Capítulo 2: La propuesta de trascender el mal

Capítulo 3: Del exotismo surrealista al diálogo surreal-postmoderno

Contenidos

Capítulo 4: Lo sensorial e instintivo como forma de conocimiento

Preface

Female sexuality has commonly been viewed as the passive counterpart of male sexuality. Building upon Adrienne Rich's theory of compulsive heterosexuality, I would suggest that the fundamental location of this problem lies within the subconscious. Cristina Escofet's stance on this issue is to argue in favor of a deconstruction of Jungian archetypes, revealing their constructed rather than intrinsic character. In this study, I analyze representative texts by Escofet and Isabel Allende and show not only how they depict patriarchal compulsive heterosexuality, but also try to reconceptualize female sexuality through surrealist and postmodern techniques such as self-reflection, dialogue with our double or Other, and sensorial perception. These techniques are designed to create a new epistemology of *jouissance* and excess, as defined by contemporary French theory.

The significance of my study resides in the interdisciplinary analysis of female sexuality in Hispanic feminist writers. The first chapter proposes that surrealism, postmodernism, and feminism are theoretical frameworks which create new paradigms for social change. In their feminist philosophies, Escofet and Allende emphasize the use of subconscious knowledge as a means of helping them understand the world and create alternative realities. The second chapter shows how Escofet and Allende deconstruct the mysoginist archetype of Eve, which has been largely responsible for identifying women's sexual identity with the disreputable qualities of the *femme fatale* and whose mirror-image has long plagued women. In accordance with this stereotype, Lillith (Adam's sexually active ex-partner), has typically been portrayed as the negative *Other*, and for generations the she-devil myth which surrounds her has resurfaced in the media, where she assumes the role of innumerable evil female characters. In the third chapter, I examine how class and race differences have been used to intensify the demonization of different types of sexuality. In the same manner as Lillith and Eve, black and indigenous characters express dissent by retelling their stories in words and performance, and by seeking to form a dialog with their readers. The last chapter deals with the importance of the senses for female characters as they try to create their own sexuality from the fragmented bodies we find in surrealist and postmodern art. In this section we shall see how Luce Irigaray and Hélène Cixous's theories about multiple sexualities are in evidence when Escofet and Allende reconceptualize female sexuality. As no previous scholarship has analyzed the use of the subconscious, the senses, and performance when understanding female sexuality in Latin American literature, this study seeks to provide a tentative exploration of the issues that may help to open up a new field of research in Hispanic feminist cultural studies.

Zoila Clark

Miami, Florida

Florida, 2010

Acknowledgements

I extend my gratitude to Cristina Escofet and Isabel Allende, whose texts inspired my work. I would also like to thank Dr. Maida Watson, Dr. María Asunción Gómez, Dr. Aurora Morcillo, Dr. Renée Silverman, Dr. Joan Torres-Pou, Dr. Ricardo Castells, Dr. Erik Camayd-Freixas, Dr. David Foster, Dr. Ivan Schulman, Dr. Ana Roca, Dr. Dana Van Tilborg, Dr. Lois West, Dr. Ana Luszczynska, and Dr. Michelle Beer because the enlightening classes I took with them provided me with academic and practical tools necessary to write this book.

I want to recognize the invaluable help and support I received from Agnes Ruiz, a friend who helped to edit my work, as well as my other friends and family for their guidance in the daily struggle within our patriarchal society.

Finally, I gratefully acknowledge the support and permission to reprint of two academic journals: *Alba de América*, edited by Juana Alcira Arancibia, and *Letras Femeninas*, edited by Carmen de Urioste.

-Pages 15 to 22 appeared in *Alba de América* as "Cristina Escofet: por un feminismo caleidoscópico en *Arquetipos, modelos para desarmar.*" 27.51/52 (2008): 143-152.

-Pages 64 to 73 appeared with a figure in *Letras Femeninas* as "Parodia del género sexual y del discurso primitivista en *La ciudad de las bestias* de Isabel Allende." 33.2 (2007): 57-72.

Introducción

Los textos literarios de Cristina Escofet (Buenos Aires, 1945 -) e Isabel Allende (Lima, 1942 -) son de especial interés para la crítica feminista por estar escritos desde la perspectiva del género. Escofet y Allende escriben como mujeres sobre lo que representa ser mujer y tratan de definir mediante la escritura lo que es la sexualidad femenina, entendida tradicionalmente como pasiva por oposición a la masculina. Éste es el eje temático de *Arquetipos, modelos para desarmar: palabras desde el género* (2000), *¿Qué pasó con Bette Davis?* (2001) y *Mugres de la María y del negro* (2005), en el caso de Escofet, y de *Eva Luna* (1987), *Los cuentos de Eva Luna* (1989), *Afrodita, cuentos, recetas y otros afrodisíacos* (1998) y *La ciudad de las bestias* (2002), en el de Allende. En estos textos se parodian las interrelaciones familiares y heterosexuales violentas o fallidas, evidenciando que la estructura social promueve una "heterosexualidad compulsiva" (Adrienne Rich 23). Ambas escritoras yuxtaponen diversos comportamientos sexuales femeninos y tratan temas semejantes que se prestan a un estudio comparativo de sus textos y a mejorar el conocimiento que se tiene de la representación literaria de la sexualidad femenina.

Si bien es cierto que Escofet dejó de escribir novelas y cuentos para dedicarse al teatro, la temática y la hibridez de sus piezas teatrales y ensayos pueden compararse con los textos narrativos de Allende, que son notablemente dramáticos. La novela, según Mijaíl Bajtín, puede incluir todos los géneros literarios y el teatro siempre narra historias en sus representaciones. El uso de una u otra categoría obviamente implica diferencias en la forma; sin embargo, este estudio propone analizar textos de distintos géneros no sólo por tratarse de textos híbridos, sino porque la similitud de estas escritoras está en su postmodernismo surrealista como método de indagación sobre la sexualidad femenina. Estudiamos un ensayo y dos piezas teatrales de Escofet y dos novelas y dos libros de cuentos de Allende desde una nueva perspectiva que yuxtapone el surrealismo, el postmodernismo y el feminismo. Así, si bien se han estudiado *Los cuentos* en su relación con la picaresca, el realismo mágico y el postmodernismo, hasta el momento no se ha destacado la relevancia del subconsciente, del supuesto mal o lado oscuro de nuestra otredad y del regreso al mundo de los mitos y los cuentos infantiles en la construcción del género, tal y como sucede con los textos de Escofet y Allende.

Aunque a finales de los sesenta muchos intelectuales proclamaran el fin del surrealismo, algunas de sus manifestaciones no han desaparecido de las letras latinoamericanas en el marco de la postmodernidad, en especial en la literatura feminista objeto de nuestro estudio. Katherine Conley afirma con respecto a Europa que "surrealism's automatic project anticipated that of much writing by women in the 1970s" (ixv-xv). Conley encuentra que con su proposición de "female-body-based *écriture féminine*, French feminists of the 1970s created a feminine/feminist alternative to *écriture automatique* that similarly encouraged the practitioner to express her innermost, uncensored thoughts, with a higher awareness of the body" (24). Este énfasis en la escritura de lo propio es un fenómeno característico de la escritura latinoamericana, según Alejo Carpentier. No se necesitan censores estilísticos surrealistas cuando lo maravilloso es captado por nuestros sentidos como algo natural o automático en Latinoamérica. Cynthia Margarita Tompkins incluso enfatiza "the hybrid nature of Latin American postmodernism by tracing these devices back to modernism, the *nouveau roman*, surrealism and dadaism" (11), especialmente en escritoras como: Julieta Campos, Alicia Steimberg, Luisa Valenzuela, Albalucía Ángel, Brianda Domecq, Ana Teresa Torres, Alicia Borinsky, Diamela Eltit y Carmen Boullosa. La apropiación y subversión del surrealismo por Escofet y Allende tiene entonces sus antecedentes en el Boom latinoamericano, con Carpentier, quien tiene una novela con el mismo título que uno de una colección de ensayos de André Breton: *Los pasos perdidos* (1924).

Asimismo, existe una relación entre la mujer y los textos escritos siguiendo los dictados de Breton (1896-1966), que anuncian en gran medida el pensamiento postmoderno. En *Nadja*[1] (1928) Bretón considera que la mujer es el mejor ejemplo de su método de lectura y escritura. Para los surrealistas, la mujer, al ser la musa intermediaria hacia la imaginación ilimitada, o la prohibida zona oscura de los sueños, es como los libros, que como puertas giratorias permiten salir y entrar en el texto para verlo cada vez desde una perspectiva diferente y sin censores sociales. Según Breton, "le langage a été donné à l'homme [añadimos a la mujer también] pour qu'il [ella] en fasse un usage surréaliste" (42). Su concepto del surrealismo es ahora usado por las mujeres que buscan autodefinirse y crearse una identidad fluida lejos de los controles morales que se le imponen. Breton lo define como: "automatisme psychique pur par lequel on se propose d'exprimer, soit verbalement, soit par écrit, soit de toute autre manière, le fonctionnement réel de la pensée. Dictée de la pensée, en l'absence de tout contrôle exercé par la raiçon, en dehors de toute préoccupation esthétique ou morale" (35).

Este énfasis en la importancia del texto como herramienta reveladora sobre el pensamiento del autor y autoconocimiento precede a las teorías de Roland Barthes (1915-1980) en "La muerte del Autor" (1968) y abre camino a las teorías postmodernas sobre la diseminación de significados de Jacques Derrida,

Jean-François Lyotard, Gianni Vattimo y Gilles Deleuze y Felix Guattari, donde se permite un diálogo entre el lector y el texto polifónico.

Según Fernando del Toro, "Si bien es cierto que el teatro latinoamericano no tuvo una verdadera Modernidad, al menos desarrollada, hoy se posiciona en una postmodernidad . . . que abandona la mímesis realista/brechtiana para entrar en la búsqueda de una nueva estética" (179-80). Tal búsqueda se inició con el surrealismo y continúa dentro del postmodernismo en cuanto a la experimentación interdisciplinaria y subjetiva en los procesos creativos. En *Arquetipos: modelos para desarmar* (2000), Cristina Escofet nos habla de un teatro caleidoscópico que parte de una perspectiva de género mientras que Isabel Allende, también feminista, logra esta visión de múltiples perpectivas a través del conjunto de aventuras de la pícara Eva en *Eva Luna*, en el grupo de textos que conforman *Los cuentos de Eva Luna* y en *Afrodita*. Ambas hacen uso de la escritura femenina de la que nos habla Hélène Cixous, un discurso elusivo que debe ser considerado desde diversos ángulos y que revalora la expresión del subconsciente y la primacía del cuerpo, como sucede en el surrealismo. Este rescate de lo individual tiene su secuela en el mundo postmoderno, pues surge un interés en la expresión cultural de grupos marginales, por ejemplo, la cultura femenina con sus variantes socio-históricas. Mi trabajo busca investigar la forma en que los textos de Escofet y Allende proponen una reconceptualización surrealista y postmoderna de la sexualidad femenina dentro de un discurso que revalora tanto la expresión de lo consciente o racional, como del subconsciente y lo sensorial para que la mujer pueda conocerse, inscribirse y crearse a partir de su propia mirada. De ahí el uso de técnicas surrealistas que le ayuden a formarse una identidad estratégica y afirmar su participación en el legado histórico de la humanidad.

Consecuentemente, el primer capítulo desarrolla la relación que existe entre el surrealismo, el postmodernismo y el feminismo como corrientes de pensamiento en la escritura femenina. El primer apartado señala los vasos comunicantes entre los tres ismos en el contexto latinoamericano, la auto-reflexión como método para conocer la sexualidad femenina y dos apartados que presentan las posturas feministas de las escritoras de nuestro estudio: Cristina Escofet e Isabel Allende. Ambas comparten el interés de reescribir la sexualidad femenina desde su posición en el mundo como mujeres. El feminismo de la diferencia por el que abogan está ligado a la búsqueda de una nueva epistemología que reivindica los mecanismos de percepción, como lo iniciaron los surrealistas a comienzos de siglo XX. La estructura del estudio de los textos se formó a partir de tres técnicas surrealistas y postmodernas, cuyo uso es fluctuante, pero que destacan más en unos textos que en otros y son: la auto-reflexión, el diálogo con el doble o con el Otro y la percepción sensorial. Estas tres características están presentes en todos los textos y, aunque no forman un hilo conductor o desarrollo lineal evidente, son puntos de encuentro a partir de los cuales se pueden hacer conexiones interesantes.

En el segundo capítulo, sobresale el uso de la auto-reflexión de las protagonistas Bette Davis y Eva Luna. Ellas se conocen a sí mismas en el recuento de sus vidas y roles. Encontramos cómo la sexualidad femenina ha estado ligada al mal, especialmente en la cultura latinoamericana por influencia del cristianismo adquirido con la colonización. La mujer es un ser marginal no sólo por su género disminuido, sino también por la ideología cultural que la identifica como Eva, la culpable de los males sociales. De ahí que Escofet y Allende rescaten a todas las malas de la historia y las pícaras de nuestra cotidianidad como personajes literarios. Así, los lectores tienen la oportunidad de juzgar y reevaluar los roles y hormas a los que las mujeres son relegadas cuando rompen los parámetros de control sexual y supeditación a los varones.

El tercer capítulo se enfoca en el diálogo con el Otro. Se conecta el relego social de las mujeres con las teorías postcoloniales, marxistas y psicológicas de lo abyecto en la creación del Otro como inferior para poder dominarlo. Las mujeres viven una marginalización múltiple si se considera que se las categoriza como inferiores, por su género, raza, clase, edad, educación, etc. Los textos de este capítulo nos sirven para analizar la sexualidad de personajes mestizos, indios, negros y extranjeros y no sólo femeninos para poder contrastarlos. Tanto Escofet como Allende son conscientes de su situación marginal y sufren la violencia contra la mujer al tener una conciencia feminista, por lo que empatizan con otros grupos marginados y escriben para darle voz a esa otredad oprimida, como es el caso de los negros y mapuches en Argentina.

En el último capítulo se encuentra más clara la propuesta de una revaloración de la percepción sensorial, así como de la intuición y los mecanismos subconscientes. Los textos de nuestro estudio exponen una nueva forma de percibir el mundo y crear uno más justo basado en los sentimientos que surgen del cuerpo, por lo que se redefine la sexualidad femenina a través del lenguaje, las imágenes y las sensaciones que provoca la lectura.[2] Se plantea que si el cuerpo sexualizado deja de ser culpado y rechazado en esa separación de la madre como la otredad, las mujeres lograrían desarrollar su propia sexualidad libremente,[3] tal como lo logran algunos personajes literarios que Escofet y Allende nos ofrecen. La sexualidad femenina se va recreando a partir de su expresión en las letras, el arte y otras expresiones culturales.

Capítulo 1: Surrealismo, postmodernismo y feminismo

1.1 Vasos comunicantes entre los tres ismos del siglo XX en Latinoamérica: surrealismo, postmodernismo y feminismo

Sabemos que la sexualidad femenina es aceptada socialmente como pasiva y complementaria a la del varón desde que Sigmund Freud descubre el ámbito del subconsciente y su conexión directa con la libido, a partir de lo cual teoriza sobre los complejos de Edipo y Electra. Asimismo, el interés de Breton, como estudiante de medicina en París durante la primera guerra mundial, por el psicoanálisis, es comprensible. El surrealismo esboza la idea de que quizás usando el subconsciente podamos crear un mundo mejor porque la sociedad se está autodestruyendo del modo en que está formada. Este objetivo es también un sueño que el feminismo desea materializar, mientras que el postmodernismo, en cambio, se limita más bien a cuestionar todo sistema social.

Como el surrealismo, el postmodernismo y el feminismo son corrientes intelectuales que manifiestan insatisfacción con el orden social, es lógico encontrar características similares entre ellos. No se trata sólo de la contemporaneidad compartida, sino del hecho de poner a la mujer como parte integral del desarrollo de estos movimientos. Para los surrealistas, la mujer es la intermediaria con el lado oscuro, para los postmodernistas es la otredad postcolonial y para las feministas es el punto de partida de toda perspectiva de género. Por lo tanto, la expresión femenina adopta rasgos de estos movimientos como forma de autodefinición, desarrollo y búsqueda de estructuras sociales que sean justas y democráticas.

Dos estudios que encuentran una relación entre los tres ismos mencionados son: *Automatic Woman: The Representation of Woman in Surrealism* (1996) de Katharine Conley, y *Subversive Intent: Gender, Politics, and the Avant-Garde* (1990) de Susan Rubin Suleiman. Si bien es cierto que en ninguno de estos estudios se usan ejemplos latinoamericanos, los rasgos surrealistas y postmodernos, como el uso de la cultura popular y la yuxtaposición de fragmentos que presentan un mundo irreal al lado de la realidad, abundan en los textos de Escofet y de Allende con toques feministas. Asimismo, Gálvez-Carlisle señala que Allende emplea "técnicas narrativas modernas como, la retrovisión, el simbolismo onírico y el uso del lenguaje equívoco y paródico" (172) y aunque no las identifica con ningún movimiento específico, podemos decir que son tanto surrealistas como postmodernas.

Por otro lado, podría incluso afirmarse que los primeros textos en español sobre Latinoamérica, como los de Colón y otros cronistas, siempre presentan lo surreal y lo real como algo posible en un mundo sin represión de los sentidos antes de la caída en el pecado. Es por esta razón que Carpentier se pregunta: "Pero ¿qué es la historia de América toda, sino una crónica de lo real-maravilloso?" (12), ya que considera que en América lo real es maravilloso sin tener que crearlo como los surrealistas mediante la contraposición azarosa de objetos sin relación aparente, pero que resaltan conexiones maravillosas en lo cotidiano. Años más tarde, el realismo mágico –estilo narrativo que se inicia durante los años sesenta con el Boom latinoamericano y que adopta luego Isabel Allende– sin duda parte de aquella nueva visión de la realidad que planteara Carpentier. La diferencia entre el realismo mágico y el surrealismo radica en que en el primero no existe un distanciamiento brechtiano ni estado de shock al presentar lo cotidiano como maravilloso y lo maravilloso como cotidiano, porque el lector sigue el juego lúdico de la perspectiva primitivista, mientras que en el segundo sí se crea un distanciamiento crítico de sorpresa al contraponer dos realidades paralelas para cuestionar la realidad oficial y estar abierto a otras posibilidades. Según Peter Beardsell, el realismo mágico es una apropiación subversiva del surrealismo: "this was the dimension of Surrealism that Latin Americans adopted and developed in their art and literature, finding in it an answer to their loss of faith in objective reality and, in certain cases, a connection with their revaluation of the pre-Columbian past" (197). Podemos entonces ver una trayectoria de las diversas formas en que el surrealismo ha sido apropiado en Latinoamérica.

Primero observamos que tras vivir en Francia y conocer el surrealismo, Carpentier regresa al Caribe y define lo real maravilloso como apropiación de este movimiento europeo. Años más tarde, Gabriel García Márquez adapta este concepto al realismo mágico. Sin embargo, son muchos los textos que ya presentan algunos rasgos de este tipo de escritura latinoamericana, lo cual explica el gran número de teorías que tratan de definir el realismo mágico. Como señala Bearshell, el pasado precolombino tiene una conexión con el surrealismo, pues, desde antes de la conquista, la espiritualidad amerindia se ha basado en la convivencia con los espíritus de sus muertos, uniendo dos mundos paralelos como aquella hiperrealidad maravillosa que busca el surrealismo, donde se borran los límites entre lo real y lo surreal. La alternidad de estos dos mundos permitió también la supervivencia y representación de la civilización precolombina durante el barroco colonial y, desde entonces, su expresión cultural no ha ido a la par de los movimientos literarios occidentales, sino que estos se funden en un hibridismo que traviste lo precolombino. A esto se añade que al ser Francia la meca literaria a inicios del siglo XX, muchos escritores latinoamericanos tienen contacto directo con Breton y los miembros del surrealismo. Cabe mencionar que más adelante, la segunda guerra mundial hizo que muchos surrealistas viajaran a Latinoamérica, entre ellos el propio Breton, quien estuvo en México, Haití, Martinica y la República Dominicana. Por lo tanto, la apropiación del surrealismo en los países latinoamericanos que apoyaron las revoluciones comunistas por las que abogaba Breton, a su manera, se debió al intercambio cultural.

Los países latinoamericanos donde la espiritualidad precolombina tiene su mayor expresión son también las naciones que cuentan con mayor número de artistas surrealistas o mágico-realistas. Algunos ejemplos son: Alejo Carpentier, Severo Sarduy y Wilfredo Lam de Cuba, Octavio Paz y José Guadalupe Posada de México, Gabriel García Márquez de Colombia, Neruda de Chile, Julio Cortázar y José Donoso de Argentina, etc. Muchos de ellos sólo experimentan con el surrealismo en algunos textos; otros, como Octavio Paz, lo hibridizan con el orientalismo que surge del exoticismo surrealista. Sin embargo, el orientalismo latinoamericano difiere del occidental teorizado más adelante por Said porque la espiritualidad y el animismo de Oriente le hace identificarse con el Otro oriental, así como su capacidad de modernización y simultánea conservación de sus tradiciones.

Podría entonces hablarse de un contradiscurso dentro de la apropiación del surrealismo cuando surgen los conceptos de lo real maravilloso y del realismo mágico, pues en ambos casos se expresa la presencia de lo precolombino dentro de la modernidad. De ahí que el realismo mágico que surgió con el Boom latinoamericano sea similar a la escritura femenina surrealista que también reconoce la existencia de un imaginario cultural femenino que ha sobrevivido al patriarcado. El concepto de "mímicra" de Homi Bhabha, que alude a la imitación con diferencia que hacen las culturas periféricas de las tendencias centrales o hegemónicas, es también usado por Luce Irigaray y por Judith Butler, como la representación de roles, para indicar que la mujer mimetiza el código patriarcal para subvertirlo. Esto nos lleva a reconocer que siempre ha existido una cultura femenina que se hace evidente en la escritura surrealista cuando las mujeres usan una mirada interna. Por ejemplo, en los cuentos de María Luisa Bombal, una de las primeras escritoras surrealistas latinoamericanas, notamos que, a diferencia del surrealismo misógino de inicios del siglo XX, se destaca la fuerza de la femineidad "medusina", que es revalorada en el manifiesto de Cixous: "La risa de la medusa" (1975). En estos textos de protagonistas con cabellos rebeldes, los mitos reformulados por el feminismo no hablan de estereotipos universales e inmutables como los teorizó la psicología y la antropología, sino desde una posición postmoderna como la de

Barthes en *Mitologías* (1957) y Escofet en *Arquetipos, modelos para desarmar* (2000).

La escritura cambia de acuerdo al punto de vista que la crea y es así que podemos hablar de una escritura desde el género o la situación en la que nos toca vivir como mujeres en una sociedad patriarcal. Estamos hablando de una escritura que como la de Allende usa el estilo del realismo mágico, pero al añadirle su visión feminista y parodiar las estructuras del género sexual se le puede llamar feminismo mágico, como afirma Patricia Hart, concepto que utilizo en el segundo capítulo. Escofet, sin embargo, aunque no use el realismo mágico como estilo de escritura, tiene textos mágicos al acercarnos a otras realidades donde los personajes se desdoblan en su álter ego o son espíritus que interactúan en otra dimensión donde todos están muertos. Así, el mundo real se mezcla con el irreal como vemos en la literatura surrealista, concretamente en *Los vasos comunicantes* (1932) de Breton.

Tenemos entonces que tanto los surrealistas como las escritoras feministas buscan una realidad que abarca tanto lo inmaterial, lo sentimental, lo inexplicable, lo negado por las normas sociales, lo incontrolable, lo supuestamente primitivo o bárbaro, como también el mundo sensible y ordenado por mecanismos lógicos y científicos. El surrealismo feminista de la postmodernidad añade además una perspectiva radical al aspirar a la creación de un nuevo orden mediante la elaboración de mundos paralelos que podemos frecuentar en el ámbito de la ficción: la creación de nuevos espacios como ventanas a nuevas realidades.

Esto es especialmente apropiado en el marco latinoamericano, donde la realidad sincrética y multicultural de sus naciones facilita los puntos de vista heterogéneos. Latinoamérica es un espacio de culturas híbridas, según Néstor García Canclini. Según él, la hibridación se da por tres procesos: "the breakup and mixing of the collections that used to organize cultural systems, the deterritorialization of symbolic processes, and the expansion of impure genres" (207). Es decir, la yuxtaposición, el contraste, la mezcla, el diálogo con el doble u Otro y la creación de nuevas formas de percibir el mundo enfatizando el uso de todos los sentidos y el de la intuición, que son rasgos surrealistas, son apropiados por los latinoamericanos y sobre todo por las mujeres en su situación de marginalización múltiple. Ellas se expresan desde el lugar en que han sido recluidas, lo mágico, lo espiritual, el silencio, la cocina, la oscuridad, la culpa y saben que su sexualidad negada ha tenido que expresarse de forma travestida dentro de los parámetros patriarcales de un mundo absurdo. Por lo tanto, es en la postmodernidad que resurge el surrealismo con un enfoque feminista.

Este feminismo mágico tomó del surrealismo una herramienta primordial para la creación de la subjetividad femenina y su inserción en la historia como sujeto independiente, distinto, pero con igualdad de derechos. Me refiero aquí a la auto-reflexión, pues los surrealistas partieron desde lo personal para afectar el ámbito público. "Lo personal es político", reiteraban las feministas de los años sesenta. Lo que ocurre con nuestro cuerpo, en nuestras casas, no es más que un microcosmos del engranaje social del que somos parte. Si las mujeres han sido definidas como asexuadas por ser mujeres y han sido recluidas en lo abyecto o el histerismo, al salir de las normas sociales, es necesario que las mujeres dejen de oír tanto lo que se dice de ellas y empiecen a oírse y hablarse para ser capaces de autodefinirse, conocerse y pedir que se las acepte como son y lo que quieran ser.

El feminismo es "una filosofía política, que, por lo mismo, comporta una cierta ética e incluso una ontología en disputa. . . . El feminismo es una teoría de la justicia, no un conjunto polémico de digresiones sobre lo que las mujeres sean, o deban ser" (Valcárcel 94). Por lo tanto, como mecanismo de un nuevo pensamiento se manifiesta en algunos o algunas feministas por la búsqueda de una nueva forma de percibir el mundo para poder cambiarlo, tal como lo hicieron los surrealistas y como lo deconstruyen los postmodernistas. Se trata de percibirnos a nosotros mismos en el mundo, por lo que se parte de la autobiografía y un acercamiento al autoconocimiento para entender quiénes "somos y cómo hemos llegado a serlo" (Valcárcel 93). De ahí que Escofet nos hable de atravesar arquetipos o modelos para reconstruirnos y que Allende reescriba el mito primordial de Eva para crear una mujer nueva que deja de adoptar la definición subalterna que le da el discurso patriarcal. El punto de partida es la auto-reflexión.

1.2 La auto-reflexión como método de investigación y creación de una subjetividad y sexualidad propias

Tanto Escofet como Allende plantean una escritura desde el género, la cual parte de la auto-reflexión de la experiencia vivida en la cultura occidental oficial para comprenderse al escribirse y compartir con sus lectores sus dudas, preocupaciones y emociones sobre la sexualidad femenina y cómo ésta ha sido inscrita en el mito bíblico, en la filosofía, en la historia y en nuestras vidas como algo que nos llena de culpa. Cuando una mujer se ve en un espejo ha de reflejar un modelo de joven apetecible al varón, uno asexuado de la Madonna escogida para ser madre: el de Eva madre pecadora. De no ser monja y esposa de Cristo, lo más común es identificarse con Eva. Notemos que, en cada caso, la mujer es dependiente del varón. Adrienne Rich, feminista que vive la otredad como judía y lesbiana, nos dice al respecto que

> the institutions by which women have traditionally been controlled –patriarchal motherhood, economic exploitation, the nuclear family, compulsory heterosexuality– are being strengthened by legislation, religious fiat, media imagery, and efforts at censorship. In a worsening economy, the single mother trying to support her children confronts the feminization of poverty. (*Blood* 24)

Su marginalización la ha dotado de un distanciamiento crítico necesario para notar porqué la dependencia emocional y económica de las mujeres en las estructuras sociales del patriarcado es incuestionable. Se trata de "physical control and control of consciousness" (6) a través de diversos medios aceptables y justificados científicamente, como lo hizo Freud, quien sabía menos que el

Marqués de Sade en el siglo XVIII que ya hablaba del placer del clítoris en *La vida de Justina* (1791). Toda la información sobre la sexualidad femenina se basa en cómo ésta complementa la del varón y no sobre su propio placer, cuando el potencial creativo del ser humano está ligado a su erotismo. Según Audre Lorde, "the erotic as a source of power and information [has been confused] with its opposite, the pornographic. But pornography is a direct denial of the power of the erotic, for it represents the suppression of true feeling. Pornography emphasizes sensation without feeling" ("Uses" 278). La sexualidad femenina ha sido reducida al masoquismo emocional y a veces físico por la dependencia psíquica y social dentro de institución de la heterosexualidad como norma. Si se es lesbiana o no, no es el caso, sino la negación al derecho de elegir una vida sola, en pareja o comunal con quien se quiera compartir sentimientos y no sólo coito.

Sugerimos entonces que la ubicación del problema del control de la sexualidad femenina está en el subconsciente, que se trata de una colonización cultural, y si queremos cambiar las estructuras que nos constriñen, debemos empezar por echar una mirada interna y reflexionar sobre nuestras ideas, imágenes y percepción del mundo. Latinoamérica tiene un pasado precolombino berdache de acuerdo a los estudios de Alfredo Martínez Expósito sobre la literatura gay y lesbiana. Las sociedades amerindias permitían que los adolescentes eligiesen su identidad de género por medios rituales y tal identidad nunca era fija. Los espíritus son quienes se comunican con los adolescentes en sueños o trances, de forma surreal, y les revelan sus roles de género y éstos son respetados en sus nuevas comunidades, pues su contacto con los espíritus convertía a muchos de ellos en futuros chamanes. Por lo tanto, parte del proceso de colonización fue erradicar el berdache porque la Inquisición lo condenó con el nombre de sodomía o pecado nefando. Colin Spencer expresa que los Incas, en Perú, habían establecido su imperio sólo una centuria antes de la llegada de los españoles y que las civilizaciones anteriores como la Mochica y la Chimu habían dejado representaciones de relaciones homosexuales en sus cerámicas. Los Mayas y los Aztecas también han dejado evidencia de haber creado una civilización donde la heterosexualidad no era compulsiva, incluso, "an Aztect god, Xochipilli,[1] was the patron of male prostitution and homosexuality" (142). La conquista se convierte entonces en la institucionalización de la heterosexualidad compulsiva, por lo que formar matrimonios monogámicos con la bendición de Dios es la misión civilizadora de la iglesia católica. La Inquisición y la catequesis no ha podido erradicar el supuesto pecado nefando, pues las estadísticas muestran un alto grado de homosexualidad en Latinoamérica y el concepto de familia no es en base a lazos sanguíneos necesariamente, sino a la solidaridad y empatía entre personas de diverso género. Adrienne Rich no estudia el fenómeno en las sociedades amerindias; sin embargo, el control de la sexualidad femenina de estas civilizaciones se dio por medio de arquetipos o modelos cristianos como Eva y la Virgen María. Afortunadamente, este mecanismo de control del subconsciente femenino es a veces fallido, pues las mujeres han sabido apropiarse de estos símbolos y ver en ellos diosas poderosas con quienes identificarse y devolverle la mirada al patriarcado.

Una imagen muy ligada a la mujer latinoamericana es la de la Virgen María. Wanda Deifelt, por ejemplo, considera que "in Latin America, motherhood continues to be the role most women look forward to and expect to play. Sexuality, by and large, is perceived as necessary for procreation. There is a clear distinction between the social roles played by women and men. The same is true for sexuality, where the double standard remains" (99). El marianismo, en las mujeres, y el machismo, en los hombres, hace que las primeras conciban su vida hacia la santidad, "by enduring a lifetime of suffering, especially if this suffering is caused by marriage or childbearing" (Deifelt 100). Rich consideraría esto como control de conciencia, y podemos decir que hasta del subconsciente, porque no nos damos cuenta de que se nos está imponiendo un solo destino a nuestras vidas, lo cual es causa de depresión si no se puede ser madre, de cáncer y otras enfermedades por tratamientos hormonales y quirúrgicos, de trauma si la madre es lesbiana y de culpabilidad si la madre es profesional y debe vivir una doble vida. Hay una gran diferencia entre "motherhood as a political institution and motherhood as a potential empowerment for women" (Rich *Of Woman* XV); la primera es por heterosexualidad compulsiva y la segunda es por libre elección. Deifelt señala que muchas jóvenes latinoamericanas optan por la maternidad temprana porque es parte del ciclo vital de la mujer como lo promueve el marianismo y al acelerarlo consiguen respeto social (108), dato que indica que la heterosexualidad compulsiva va ligada a la maternidad. A esto se añade que el hombre también es presionado a casarse dentro de la ideología cristiana, a través de la sagrada familia, ya que

> a man who is not married is seen as less as whole, for only a man and woman together constitute the image of God. The extensive laws regulating women's sexuality and placing it under the control of fathers or husbands ensure that women will be available for marriage to men who can be fairly certain that their wife's sexuality belongs only to them. (Judith Plaskow 132)

Sin embargo, estudios sociológicos demuestran que aunque la mayoría de las mujeres no reclamen un cambio en el control de su sexualidad, ellas, en silencio, rompen muchas veces con las prohibiciones. "Las tretas del débil", de Josefina Ludmer, señala una serie de técnicas que las mujeres, entre otros grupos marginales, usan para sobrevivir la opresión patriarcal. Una de ellas es "el silencio . . . su espacio de resistencia ante el poder de los otros" (50), por lo tanto su lenguaje es semiótico, más que lingüístico. Deifelt afirma también que, "silence might be a survival strategy" (108) y eso hace que las mujeres sufran de "a sudden splitting of consciousness" (Childers and Hentzi 88), según Virginia Woolf, "while Adrienne Rich speaks of women as "exhausted in the double life" (88). In "Split at the Root", Rich se da cuenta de que los muchos roles que nos ubican en la sociedad nos pierden en un laberinto de identidades, especialmente al experimentar la asimilación como ser colonizado por raza, clase o género ("Split" 123). La doble conciencia es un término muy usado en los estudios afroamericanos por W. E. B. Du Bois como característica del colonizado. Du Bois observa que

> The Negro is a sort of seventh son, born with a veil, and gifted with second-sight in this American world which yields him no true self-consciousness, but only lets him see himself through the revelation of the other world. It is a peculiar sensation this double world. For African Americans, argues Du Bois, self-consciousness is always also informed by the majority's expectations and representations of them. (88)

Aunque Du Bois no considera el problema del género hablando de el negro como si el término incluyese a la negra, está claro que la auto-conciencia de una mujer está afectada también por todas las representaciones que se hacen de ella en torno a su sexualidad.[2] En el capítulo tres analizaremos la marginación múltiple que sufre una negra al lado de un negro, que en el ámbito privado es el amo por esa doble conciencia en su identidad.

En un intento de escribir su historia como ser sexual, la mujer opta por rescribirla desde su propia perspectiva tratando de usar el subconsciente y la percepción sensorial. La mujer, a la que por siglos no se le ha permitido el uso de la palabra, tiene una tradición de expresarse más por sus actos y la multiplicidad de roles que tiene en su drama cotidiano. Según Cixous,

> they are decapitated, their tongues are cut off and what talks isn't heard because it is the body that talks, and the man doesn't hear the body. . . . We'd first have to imagine her ceasing to support with her body what I call the realm of the proper in the sense of the general cultural heterosexual establishment in which man's reign is held to be proper. (*Castration* 352)

Esta rebeldía empieza a aparecer en sus imaginarios en la ficción y en la acción, espacios paralelos como su conciencia, y así empieza ella a escribir su historia dentro de esa polifonía de su doble o múltiple conciencia. En consecuencia, Diane Elam afirma que es importante tener en cuenta que "her-story is not one story" (37). Cada texto aporta una visión sobre esta problemática, que nunca es simple ni homogénea. Hélène Cixous lleva incluso la memoria personal al ámbito social de la historia y nos dice que "history is always in several places at once, there are always several histories in several places at once, there are always several histories underway; this is a high point in the history of women" (*The Newly* 160). Considerando que la historia oficial ha sido escrita desde una perspectiva patriarcal, y que ésta es parte de nuestra formación cultural, es sumamente importante hacer evidente de dónde parte la voz discursiva, por qué y cómo lo hace y considerar tal voz como representativa sólo de una de tantas visiones, tanto si se trata de un discurso ficcional como teórico. Escofet lo hace, por ejemplo, en su texto teórico y en su teatro, mientras que Allende lo escribe en su narrativa y afirma que "it's the journey of women seeking their place in history at this important time of the world's evolution" (Kris Steinnes 117).

La reflexividad tiene sus bases en el psicoanálisis y el distanciamiento crítico del yo. Para Carlos Castilla del Pino, se trata de "una propiedad del sujeto que le permite considerarse a sí mismo como objeto, analizarse y concluir en un sentimiento respecto de sí mismo" (25). Esto le ayuda a definir la identidad de sus yoes y su relación en y con el mundo como copartícipe de éste. Esta aprensión tiene tres vías: "1) por los órganos de los sentidos, es decir, sensopercepciones; 2) por la evocación de la situación originaria; y 3) por la representación del objeto" (25). Interesantemente, éste es el proceso de creación de la identidad femenina de los personajes de Allende y Escofet. Tanto Eva Luna como Bette Davis son personajes que se desdoblan en otros yoes. Eva Luna en los personajes de sus cuentos, y Bette en sus roles como actriz o reencarnaciones. Vemos que el yo no es uno, sino que son muchos, y todos ellos conforman aspectos del meta yo. La identidad del sujeto postmoderno no es fija porque se encuentra en constante transformación; nada es predecible ni claramente delimitado en la condición postmoderna, como diría Lyotard. "Por eso nadie puede hacer otra cosa que imaginar al sujeto a través de las concretas actuaciones de sus yoes" (Castilla del Pino 269). La mujer es entonces, según los textos de Allende y Escofet, un sujeto imaginable en la construcción y desarrollo de sus yoes y la construcción "de un yo es una narración, y posee estructura narrativa: texto y tema, con introducción, desarrollo y final" (Castilla del Pino 269).

En consecuencia, los textos de estas dos escritoras crean yoes como modelos de mujeres de quienes podemos tomar algunos rasgos y al mismo tiempo nos crean un pasado personal e histórico que nos ubica como sujetos en este mundo. Es decir, nos hacemos de una biografía y también de una historia social al narrarnos. Los yoes imaginados, fantaseados, soñados e inventados del mundo literario son también los que crean nuestra realidad y nos hacen actuar en el mundo real. Al reinventarnos constantemente, la literatura feminista cumple entonces un rol social y terapéutico al hacernos conscientes de nuestros roles en el mundo y de cómo podemos cambiar nuestra realidad si ésta no nos es grata. Augusto Boal, dramaturgo y activista social brasileño y creador del teatro del oprimido, reconoce la importancia de verse a sí mismo por medio del distanciamiento o desdoblamiento teatral y podemos añadir que en la ficción narrativa también toma lugar un doblaje como proceso de autoconocimiento para poder cambiar la imagen patriarcal que nos atrapa como seres dependientes del varón. Para Boal, "Theater of the Oppressed is a mirror which we can penetrate to modify our image . . . knowledge is acquired via the senses and not solely via the mind" (28-29). No es gratuito que los textos de este estudio enfaticen el autoconocimiento a partir de desdoblamiento o diálogo con el Otro y el énfasis en los sentidos para lograr una percepción propia a través de nuestros cuerpos.

El marco teórico de este estudio es estadounidense, europeo y latinoamericano; sin embargo, se aboga por un feminismo de la diferencia que teoriza desde la otredad. Adrienne Rich, por ejemplo, como feminista judía y lesbiana nacida en Estados Unidos, se ubica al margen del status quo y observa que la heterosexualidad es institucionalizada a través de la familia sanguínea. Su teoría nos sirve la comprender la erradicación del berdache y comadrismo como organización familiar en Latinoamérica. Por otro lado, los planteamientos feministas de Hélène Cixous y de Luce Irigaray derivan del psicoanálisis freudiano y lacaniano que había definido a la mujer como el Otro "abyecto", según Julia Kristeva. Este concepto de la otredad encuentra un eco en el feminismo latinoamericano, ya que tiene un pasado marcado por el proceso colonial de hace sólo 518 años.

A continuación presentaremos las ideas feministas de Escofet, quien lo hace de forma teórica en uno de sus textos, y las de Allende, que las extraemos de entrevistas y de sus textos ficcionales. Ambas parten de la auto-reflexión de su experiencia vivida y su discurso revela tanto el punto de ubicación de su perspectiva como las conexiones que han hecho en base a su conocimiento previo y su percepción e interactuación con el mundo. Según Edward Said, la identificación del punto de vista y del origen de éste evita la "orientalización" o invención de un Otro como universal y se evita la generalización de una opinión particular (Said 3). Ambas escritoras escriben desde el género femenino, como latinoamericanas y escritoras de clase media de los años ochenta, momentos en que surge la solidaridad con los de las clases más bajas y las razas marginadas desde la conquista española, que son los menos mestizos: los indígenas y los negros. Cuando empiezan las dictaduras militares en Chile y Argentina, ambas padecen las persecuciones políticas de la década de los setenta y deben reconstruir sus vidas desde un estrato social más bajo. Esta experiencia de otredad las lleva a la escritura comprometida con los seres marginales de sus países. Por lo tanto, en el tercer capítulo analizaremos los textos de Escofet y Allende que abordan la problemática de la sexualidad femenina de la población marginal por clase y raza.

En el caso de Cristina Escofet, tenemos el uso de la autobiografía, tan presente en la escritura femenina y tan poco apreciada por el canon literario, para plantear una nueva teoría feminista que usa la introspección, el azar en el juego del tarot, los sueños y tradición filosófica occidental. El texto *Arquetipos* nos servirá de base para estudiar más a fondo los textos dramáticos y ficcionales de este estudio, por lo tanto presentamos a continuación la visión que nos ofrece y una explicación de los términos que usaremos en este estudio, tales como "atravesar" o deconstruir arquetipos, otredad femenina, entre otros.

En *Eva Luna* tenemos, por ejemplo, la narradora en primera y tercera persona que cuenta su vida de pícara, mas, al mismo tiempo, es Allende quien nos confiesa su interés por las palabras, su desarrollo como escritora profesional, y cómo logra ubicarse en un mundo que la marginalizaba por su género, su raza y su clase. Allende ha sido testigo ocular como periodista en su aproximación a las clases bajas, pues introduce un personaje del campo del periodismo para dar esta visión. Esta auto-reflexividad hace que luego sea ella la narradora de cuentos, como Scherezada en las *Mil y una noches* (850), que logra sobrevivir en un mundo hostil para las mujeres. Otra de las tretas del débil hispanoamericano es también la de jugar con la ambigüedad del lenguaje, ya que narrar cuentos puede ser también narrar historias, logrando así que las mujeres inserten sus experiencias como parte de las historias de la humanidad.

La auto-reflexividad, técnica psicoanalítica que es usada por los surrealistas interesados en los procesos de conocimiento, se convierte en una herramienta vital para el feminismo. La escritura autobiográfica es común en la escritura de mujeres que se reconocen definidas por la mirada masculina. Al querer verse ellas mismas y ser sujetos que crean su identidad, se desdoblan y se reconocen en arquetipos o constructos sociales diseminados en la cultura patriarcal. Escofet desarrolla toda una teoría al respecto y tanto ella como Allende ejemplifican ese desdoblamiento del yo sujeto/objeto en personajes con dobles o personajes colonizados como indígenas, negros y mestizos que dialogan con el otro que los define. Es decir, el feminismo de estas escritoras tiene sus vasos comunicantes con la teoría feminista francesa, el surrealismo y el postcolonialismo, rama del postmodernismo, pues todas derivan del desarrollo de la identidad en la relación sujeto/objeto del psicoanálisis. Los estudios postcoloniales de la Otredad de la década de los ochenta derivan del estructuralismo francés de la década de los sesenta y de la teoría feminista que se siente el segundo sexo, según lo señala Simone de Beauvoir en 1945. En consecuencia, las escritoras feministas latinoamericanas, en especial Escofet y Allende, se apropian de los estudios psicoanalíticos de Freud y Jung –como lo han hecho las filósofas francesas de Beauvoir, Cixous, Irigaray, entre otras, incluso Kristeva– para reconceptualizar la sexualidad femenina.

1.3 Teoría feminista de Cristina Escofet en *Arquetipos, modelos para desarmar (palabras desde el género)*

Arquetipos es un texto teórico-poético en el que Escofet propone un feminismo caleidoscópico, respetuoso de las diferencias y, además, deconstructor de los modelos arquetípicos homogenizadores que reproducen la subyugación de las mujeres. Ésta es una preocupación existencial y ontológica que lleva a las mujeres a definir su identidad como mujeres mirando "hacia fuera y hacia dentro" (61). La realidad, según Escofet, no está sólo afuera, ni las trampas "son simplemente ataduras externas" (61). No se trata de ser mujeres por determinación biológica externa, sino como producto de su mundo interno generado por el lugar en el que las ha puesto la sociedad a través de la historia, no sin su complicidad.

La realidad como algo interno y externo queda clara con la metáfora del caleidoscopio líquido, un instrumento que, a partir de fragmentos de cristal inmersos en una sustancia acuosa y reflejados por espejos, ofrece una multiplicidad de imágenes irrepetibles y en constante transformación. Mirar en tal caleidoscopio nos recuerda que existe un mundo interno que es parte de la realidad, tal como lo son los sueños y los deseos, que creamos constantemente y que a veces se materializan. Escofet nos ofrece estas palabras desde el género, es decir, desde su lugar en el mundo como mujer, latinoamericana y argentina, entre otras categorías, máscaras o construcciones culturales que usamos en la vida cotidiana. En esta sección veremos cómo el proceso de atravesar[3] esas máscaras, arquetipos o modelos empieza cuando la mujer se reconoce interna y externamente enmascarada o definida como el Otro y no como sujeto en el mundo simbólico, y lo que esto implica en su existencia. También estudiaremos cómo las mujeres logran autodefinir su subjetividad desde miradas y palabras propias, diferenciando sus deseos de los impuestos por la sociedad mediante técnicas surrealistas para luego proyectarlos hacia fuera. De ese modo se crean nuevos significados con el fin de que las mujeres sean parte activa de la sociedad y se garantice la aceptación de sus múltiples diferencias.

En *El segundo sexo* (1946), de Beauvoir había señalado la definición de la mujer como el Otro, carente de subjetividad en una construcción imaginaria escindida entre lo deseado y lo temido, como un objeto anclado en la imaginación y la prescripción (46). Es por esto que de Beauvoir atribuye una crisis ontológica a las mujeres, ya que éstas no existen; son pensadas desde el *cogito* cartesiano de "pienso, luego existo". Por lo tanto, en el caso de ser temidas, las mujeres han de reconocer que están en el silencio, en la oscuridad, y aceptar que las han relegado a los arquetipos "de lo sombrío, lo innombrado, de las brujas, de las diosas vencidas, de la postergación, de las acreedoras de la sospecha y la marginalidad" (41), y en el caso de ser deseadas, a los arquetipos del eterno femenino bello y muerto. Sandra M. Gilbert y Susan Gubar identifican claramente estos dos arquetipos, súcubo y virgen, en la literatura decimonónica en *La loca del ático* (1979), los cuales se siguen disfrazando a través de la historia de la humanidad y reaparecen a menudo en la literatura.

Como consecuencia, las mujeres han de aceptar que la deformación o colonización de su subjetividad tiene mucho que ver con los mitos literarios y los cuentos de hadas, ya que no pueden estar fuera del lenguaje simbólico que las excluye. Según Escofet, nos han inventado en un lenguaje neutro, donde la norma es el varón y ser el Otro no es ser diferente, sino ser inferior. Prueba de esto es que las normas de la escritura formal publicable no permiten que la mujer escriba como mujer usando un "yo" o un "nosotras" y sus variantes que la identifican con su género, sino que debe perderse en el sujeto impersonal que reconoce al varón como la norma del género humano. El fenómeno de la Otredad ha sido estudiado no sólo por el existencialismo y el psicoanálisis, sino también en los estudios postcoloniales, de modo que no es gratuita la comparación que hace Escofet entre las mujeres y los latinoamericanos como seres colonizados. Esta doble colonización fortalece la formación de principios para la exclusión de las mujeres y las ha hecho internalizar la opresión como algo natural. Esto lo confirman los numerosos mitos culturales que reproducen los mismos dramas de sus vidas. Las mujeres han interiorizado los arquetipos hasta el punto de ser oprimidas y opresoras en el sistema patriarcal, en el cual hablan y dan significados con la lengua "neutral" que las define dentro de la heteronomia como apéndice clonado de lo masculino. Este papel de la mujer lo podemos apreciar en el cuento *La sirenita* y en el drama *Hamlet*, ambos textos de corte edípico que reflejan cómo el alma femenina percibe la existencia.

En *La sirenita*, la mujer queda supeditada al deseo masculino por su decisión de no elegir. Su subordinación se da a través del amor romántico. La sirena accede a perder la voz a cambio de obtener las piernas que la hacen humana y así poder conquistar a su amado. Las piernas, sin embargo, son como dos heridas sangrantes a cada paso, y su belleza humana de nada le sirve porque el príncipe vio primero a otra mujer y se enamoró de ella. Al no poder declararle su amor, pese a sus grandes sacrificios, la ex-sirenita termina excluida del mundo y convertida en espuma. Al querer pertenecer a otro mundo, la mujer entra en la heterodeterminación de la mirada ajena, que la verá siempre como mutilada, en clara alusión a la carencia del falo del poder, según Freud. Cuando la sirenita acepta todas las condiciones sociales, termina por anularse y tener una vida fantasmal en el silencio y la soledad del desamor, por sentir que no es nada sin su príncipe. Escofet crea un monólogo final donde este personaje se define diciendo: "Esta soy yo, nada, apenas un encaje de agua" (97). La sirenita es "definida en su relación con el hombre" (de Beauvoir 142), por lo que deja de existir al desvanecerse, resaltando que al ser ignorada siempre fue "nada".

El imaginario personal de supeditación al varón de la sirenita es también similar al de los personajes femeninos en *Hamlet*. Escofet llama a esta configuración psíquica "la ley del padre",[4] que es el modelo religioso y de orden en la jerarquía social por el cual Dios, y luego el hombre, a su imagen y semejanza, son superiores por estar fuera del mundo natural de lo terreno y lo carnal. En cambio, a la mujer se la relega a la naturaleza que ha de ser dominada y sometida. Este imaginario judeo-cristiano permea la psiquis femenina y se remonta a la mitología clásica, en la que los dioses fortalecen el patriarcado quitándole la maternidad a la mujer, como lo hace Zeus luego de reducir a Metis y devorarla para raptar a su hija (101). Jung añade al respecto que el poder del arquetipo del dios-padre se transfiere a todos los varones: esposos, hermanos, padres, etc. Éstos transmiten orden, protección, pensamiento, ideales y valores, por lo que son obedecidos y respetados. La mujer es, entonces, una marginada arquetípica, su existencia psíquica es consciente o subconscientemente análoga a la de muchas subculturas étnicas y minorías raciales, una existencia simbólica y mediatizada, según Kolbenschlag (101-03). Esta existencia la representan Gertrudis, la madre de Hamlet, y Ofelia, su novia.

Gertrudis es el arquetipo de la Eva maldita, mientras que Ofelia es la eterna durmiente. La primera es el súcubo infiel, la culpable de la muerte o caída del rey, que regresa a denunciar el incesto y a ayudar a la redención de su hijo Hamlet. Ella muere como Ofelia, esperando el rescate heterónomo del hombre. En el caso de Ofelia, vemos que ella obedece a su hermano, a su padre y a su novio en tanto que niega sus sentimientos y deseos. Son tres hombres los que pretenden saber lo que es mejor para ella y la disciplinan como a una niña, por lo que su única salida es la locura, que la lleva al suicidio. Solamente muerta pasa a ser el bello eterno femenino, que será recordado y enaltecido por todos. Las palabras de estos hombres equivalen a la represión violenta de la sexualidad femenina, la cual es negada y castigada si se atreve a la trasgresión, como en el caso de Gertrudis.

Escofet señala que "la pregunta por el género lleva implícita la pregunta por nuestra sexualidad y nuestro cuerpo, de los cuales también hemos sido despojadas" (85). Ésta es una afirmación que nos lleva a reconocer también que, en el presente siglo, el mito del andrógino de Platón ha seguido existiendo y ha cobrado fuerza de forma enmascarada dentro del discurso de la neutralidad del lenguaje patriarcal. Es así que se nos plantea que todos somos iguales, pero que para serlo las mujeres han de ser más masculinas o aliarse al poder de forma subalterna siendo ultra femeninas. De ahí que, en lugar de repetir este mito de supremacía masculina, ya que Eros es hijo de la abundancia masculina y la pobreza femenina, las mujeres necesiten recuperar sus cuerpos y deseos femeninos al atravesar mitos misóginos como éste. Hélène Cixous considera que este mito representa la fantasía de la unidad y la totalidad, por lo que sugiere "rather the bisexuality of a dual or even multiple subject, who is not afraid to recognize in him –or herself the presence of both sexes, not afraid to open her– or himself up to the presence of the other, to the circulation of multiple drives and desires" (Susan R. Suleiman 127). Escofet, en cambio, no redefine el término, sino que lo considera peligroso y afirma que en lugar de continuar con "la mordedura de Drácula", el proceso de seguir repitiendo viejos arquetipos que deforman la subjetividad femenina, las mujeres necesitan aceptar su Otredad, y ya que ahora "no son", desde ese dolor de no conocerse o saberse deformadas, buscar en los mitos y cuentos de hadas nuevas formas de ser. Sobre la base de nuevas lecturas, reescrituras y creaciones que partan de su viaje individual al imaginario subconsciente y consciente, tienen que responderse quiénes son y a dónde van. Hamlet logra responderse estas preguntas, pero ninguno de los personajes femeninos consigue siquiera formulárselas, por no reconocer su Otredad, el primer paso para atravesar los arquetipos deformantes.

Tal parece que se nos ha olvidado que el significado de persona originalmente era máscara, y es necesario también reconocer que una persona es individual y plural a la vez. Desde que las feministas de los años 70 se atrevieron a afirmar que lo personal es político, sabemos que las mujeres son parte de un género que existe y que está camuflado o negado, y esto prueba que su lugar en el mundo es distinto al de los varones. Consecuentemente, sus perspectivas parten del género mujer, y desde ahí cada una ha de atreverse a ver dentro de sí, como en un caleidoscopio líquido, para reconocer sus máscaras y poder crearse nuevas identidades en tales fragmentaciones. Ésta es una tarea individual y colectiva, porque a veces las mujeres se encuentran en las palabras ajenas, como en los personajes de *La sirenita*, Gertrudis y Ofelia. Sin embargo, no basta con reconocer los arquetipos, sino que hay que superarlos al sacarlos del subconsciente y traerlos a la conciencia del género femenino.

Escofet sugiere a las mujeres seguir el modelo del viaje del protagonista[5] de *El héroe de las mil caras: psicoanálisis del mito* (1949), de Joseph Campbell, para atravesar los arquetipos femeninos. Este viaje es el descenso a sus zonas desconocidas, de su intrahistoria en sus estructuras míticas personales, que se encuentran en ensoñaciones y confesiones similares al psicoanálisis. Sin embargo, Escofet considera los arquetipos junguianos como constructos histórico-sociales y no innatos. Por lo tanto, el subconsciente colectivo no es universal ni determinante, sino que puede transformarse. El arquetipo del *animus*, por ejemplo, sería la internalización en la mujer del modelo sexista, del eterno femenino, pero, al comprender que es una máscara del subconsciente, podría alterarse.

Escofet plantea recuperar la energía del *anima*, que según ella es recuperar la capacidad de conexión con el subconsciente. De esta forma, se estaría legitimando el pensamiento, el poder y la autoridad por derecho propio (68). Este descenso al subconsciente a través del cuerpo es también indispensable para Cixous, quien propone la existencia de una escritura femenina de forma metafórica para indicar que es necesario escribir fuera del logos, conectando los sueños, la escritura y el cuerpo. Su hipótesis es que "dreaming and writing do have to do with traversing the forest, journeying through the world, using the available means of transport, using your own body as a form of transport . . . to travel to the heart of the country of the unconscious, where we may again find those countries we have lost" (202-3). Esta necesidad de rescatar lo subconsciente sobre lo racional llevará a las mujeres a encontrar los espacios que les corresponden y a expandir sus conocimientos de una realidad sin exclusiones. Según Victoria Sendón de León, lo real definido por la mirada masculina se presenta como incuestionable por ocultar su lógica dualista binaria en la metáfora que aparece en mitos y símbolos, por lo que concluye afirmando lo siguiente:

> Si la metáfora conforma lo real, la metonimia equivale a la realidad. Es decir, la metáfora del patriarcado como dios-padre se va multiplicando en diversas representaciones a través de la metonimia: en la familia, en el estado, en la educación, en la lengua, en el arte, en la arquitectura, en el trabajo, en el sistema económico, en el progreso, en la ciencia, en la política, en el modelo de desarrollo, en el cuerpo, en la moda, en la sexualidad. (58)

Por lo tanto, si la ideología patriarcal es tan difusa, se hace necesario revisitar los mitos y símbolos, tanto a nivel consciente como subconsciente, ya que lo real dentro del patriarcado ha sido fosilizado en todos los niveles culturales. La aceptación de lo subconsciente como parte subversiva de nuestra realidad fue reivindicada a comienzos del siglo XX por el movimiento surrealista, que cuestionaba el racionalismo y el positivismo del siglo anterior. Tanto Breton como Escofet presentan textos que son como puertas que liberan múltiples significados. Breton habla de la idea "of a door that opens and reopens continuously, like a door pushed by the wind or a swinging door, returning to a singular point of departure yet ever opening onto new vistas of thought. . . . Breton persists in a process that resists closure and values open-mindedness above all else" (Conley 113) y Escofet habla de puertas develadoras de sentido en un mundo de significantes sin significado; es decir, que la creación de significados que forman el imaginario colectivo es constante y abierta a muchas posibilidades, como las imágenes de un caleidoscopio líquido. Para ella, "La aventura de ver hacia dentro es para desarmar el imaginario modelo" (183), de ahí que las técnicas usadas para atravesar los arquetipos sean de corte surrealista, como la escritura automática, la ensoñación producida por imágenes visuales, el diálogo con personajes creados y una constante búsqueda del autoconocimiento a partir de los sueños y los estados subconscientes.

La escritura femenina es como la que se usa en los diarios y según Schiwy, "in this place without borders, new worlds can be created: worlds of feeling and intuition, of imagination and dream (34), como un experimento de auto-creación a partir de lo que sabemos de nosotros mismos. Tener el poder de diseñar nuestras vidas, como magos o artistas. Según Suleiman, la mujer creadora surrealista no puede ocupar la posición de sujeto con las imágenes del imaginario masculino sin dialogar con ellas: "in order to innovate, she has to invent her own position as subject and elaborate her own set of images different from the exposed female body, yet as empowering as that image is, with its endless potential for manipulation, disarticulation and rearticulation, fantasizing and projection" (26). Todas estas características están presentes en las imágenes que retoma Escofet, no sólo en sus piezas teatrales, sino también en *Arquetipos*, como veremos a continuación.

Escofet comparte con nosotros su viaje al subconsciente a partir de su entrega a las imágenes que asocia con las cartas del tarot, tal como lo hace Breton en *Arcana 17*. La intuición y los sentimientos son parte de su raciocinio, pues estando consciente del prejuicio intelectual de que las "personas serias" no necesitan fetiches para reflexionar, un impulso la lleva a negar esto, a la vez que una voz profundamente sincera le dice que acaba de conectarse con sus propios miedos (21). La primera baraja frente a ella es la del Emperador boca abajo, que representa el patriarcado, y Escofet percibe que éste le dice "desde esta posición te miraré" (21). La ubicación de la mirada es importante porque señala que nos miran de forma invertida, como lo opuesto del varón, y que somos definidas por la mirada masculina. Recuerda luego las palabras de Jung: "Un sueño, un arquetipo, un símbolo, sólo tienen sentido para una conciencia despierta" (22), y por eso continúa tirando cartas. Se le presenta el Ermitaño, que la invita a mirar a través de la oscuridad con su farol, y de esta forma vuelve a verse niña y a recordar que la llamaron Gustavita porque su madre quería tener un niño. Este viaje la lleva también a atravesar el icono de Evita Perón dentro de sus ensoñaciones y llega a hablar con su abuela Severiana, a quién las clases altas consideraban una bruja o un personaje negativo, como Evita, porque condenaban a las mujeres sexualmente activas. De Beauvoir señala al respecto que "la mujer es temible en cuanto encarna la sexualidad" (164). Este viaje trata entonces de recuperar los deseos femeninos propios a través de una mirada íntima para que la mujer logre autoanalizarse y definirse en base a sus experiencias, tanto internas como externas, que crean su lugar en el mundo, es decir, su género que forma parte de su identidad.

Por otro lado, se trata de un viaje doloroso o catártico, pues hay que reconocer que las mujeres no se conocen por sí mismas, sino por lo que les han dicho que son. Duele aceptar que sus antecesoras hayan sido analfabetas y demonizadas por ser transgresoras, como Severiana en el ámbito personal y Lillith[6] a nivel mítico. Asimismo, su panteón de diosas ha sido también destruido, haciéndoles olvidar su capacidad de creación y autosuficiencia como seres completos e independientes. Esta idea está presente en el libro *In Search of Our Mothers' Gardens: Womanist Prose* (1983), de Alice Walker, y no ha de ser casual que el capítulo en que Escofet nos entrega sus ensoñaciones y confesiones se inicie con el jardín de los arcanos. Es entonces desde el lugar en que las ubica el patriarcado desde donde las mujeres han de empezar a reflexionar y a tener sus propios sueños, con esa conexión con la naturaleza, lo intuitivo y lo irracional y mal llamado "surreal", pues la realidad es tanto interna como externa.

Otra forma de atravesar los arquetipos desde el subconsciente nos la ofrece Frida Khalo, quien luego de quedar postrada en una cama con la columna rota empieza a mirarse en el espejo y quizás a ver con el tercer ojo que aparece en su frente en algunas pinturas. Esta mirada a sí misma no sólo es visual, sino a través de todos los sentidos. Su cuerpo es el caleidoscopio de una espalda fragmentada que le hace desaprenderse y redefinir su propia subjetividad, no con palabras nuevas como lo hace Escofet en sus textos, sino con nuevas imágenes. La Otredad de una misma mujer está presente en ambas, porque se establece un diálogo constante con el yo estereotipado y el yo indefinido que busca conocerse. Escofet afirma que los personajes hablan y dicen las cosas más dolorosas que una no se atreve a admitir, como en el capítulo de *Arquetipos* titulado "En el nombre de Frida", donde, usando la escritura automática, Escofet hace que los cuadros de Frida nos hablen de sus experiencias. A veces los estereotipos son transformados o destruidos, por lo que dos palabras le vienen a la mente a Escofet: sobrevivir y sobremorir. La muerte se convierte en resurrección; es como aceptar la muerte del modelo para seguir viviendo y esta decisión únicamente es producto de la recuperación de la mirada de mujer, es decir, de reconocerse como el Otro, de saberse máscara y atravesar el arquetipo de forma individual en la vida propia al verlo también en la historia del género femenino. Lo personal es siempre político y escribir desde el género es saberse diferente, exiliada, y querer insertarse en el mundo.

La escritura, y en el caso de Khalo la pintura, es el rito de restitución de la mirada femenina con un horizonte mítico propio. Una mirada que es múltiple y no objetiva ni universal, como la que presenta el discurso patriarcal. Existen muchas miradas desde diferentes ángulos, como en un caleidoscopio, y esto hace posible nuestras diferencias. Escofet habla de "la mirada de mosca", que se conecta con otras hasta en el subconsciente y logra desaprender o quitarse las gafas patriarcales de los arquetipos que, más que miradas visuales, son una percepción más allá del cuerpo: "con los ojos, con el corazón, con el sexo, con el miedo, con la angustia, desde la vida y la muerte, desde la muerte a la resurrección" (50). Es la mirada del nuevo paradigma que está por desarrollarse, y mientras ésta llega, Sigrid Weigel sugiere usar la mirada bizca: "mirando por el rabillo del ojo, y para no volvernos locas y subsistir, mirar en dos direcciones divergentes simultáneamente" (54). Así las mujeres estarán alertas a las conductas arquetípicas que se han fosilizado. Y desde esta doble existencia ellas han de profundizar el alcance de su múltiple manera de percibir, caleidoscópica, para desde allí dar nuevos significados a los misterios en que están recluidas en el drama de sus vidas.

Es así que la ficción en la dramaturgia les ayuda a traspasar el espejo de la propia trama real, de la cual provienen. Por lo tanto, la mirada femenina ha de ser ascendente o en espiral, retomando lo anterior y avanzando hacia el cambio y la creación de nuevos significados. Las miradas propias harán posible la liberación de la mujer del deseo ajeno y su complicidad con él. Mirando de forma no binaria, Escofet propone una estética de la nueva subjetividad si la dramaturgia mira desde el género y se convierte en un punto de partida hacia una nueva ética que deja de "orientalizar" a la mujer como el Otro, como diría Edward Said. Nuestro objetivo ha de ser el de hacer respetar la diferencia de género y lograr que todos participen en la creación de significados en este mundo tan real como surreal, del cual todos somos parte, ya que existimos y pensamos desde nuestro género.

Escofet propone invertir el pensamiento cartesiano al reconocer primero la existencia a través de la percepción corporal y multisensorial, más allá de los cinco sentidos y la razón, entrando en las profundidades del subconsciente. De esta forma, las palabras que se ubican desde la mirada del género, desde la subjetividad, parten de la mirada caleidoscópica de lo interno y añade a lo externo nuevas perspectivas que llevan a crear conexiones y significados de forma holística. Como su preocupación es por el género femenino, se trata de un feminismo cultural por partir de la escritura del deseo femenino y no del *logos* para que las mujeres lleguen a ser sujetos. Es un pensamiento afín a la filosofía ecológica de autonomía complementaria de cooperación e interconexión, de Fritjof Capra. Esta misma complementariedad se observa en las religiones orientales y en las sociedades matriarcales, en las que nuestra existencia está ligada a la naturaleza y no se plantean jerarquías de superioridad entre los seres que la conforman. La ética de esta propuesta artística dentro del teatro nos ofrece una filosofía de vida de compromiso y respeto frente a las particularidades de cada ser.

1.4   El feminismo de Isabel Allende

Como indica Marcelo Coddou, no se puede leer a Isabel Allende sin atender un aspecto fundamental: el feminismo del discurso ideológico de sus textos, los cuales presentan un criterio histórico. Su propuesta de luchar por una sociedad más justa y humana "incluye un llamado eficaz a luchar por la liberación de la mujer" (69). Además, "sus denuncias y ataques al capitalismo patriarcal –uno de los logros más valiosos de las novelas a nivel de proposición ideológica–, conlleva la concepción de que la esclavitud de la mujer es inherente a tal sistema" (69). Si añadimos a estas premisas que la propia autora confiesa ser feminista, es necesario tratar de definir de qué tipo de feminismo se trata, ya que no se puede hablar de un feminismo monolítico, sino de toda una gama de feminismos que convergen en el objetivo común de lograr que la mujer deje de pertenecer al segundo sexo, como denuncia Simone de Beauvoir.

Isabel Allende no ha escrito un texto teórico donde defina su posición feminista. Sin embargo, existen muchas entrevistas, conversaciones grabadas y conferencias en video, que junto con sus textos, nos van a servir como fragmentos que pueden darnos una visión en conjunto de su feminismo. Todos estos fragmentos tienen algo en común, el uso de la realidad para crear la ficción y el uso de la ficción para crear la realidad. Allende se muestra a sus lectores bajo distintos velos o personajes reales e irreales, y así aprendemos que la magia está en el poder que tiene la palabra expresada o silenciada para transformar nuestra experiencia en el mundo, como mujeres. El realismo mágico feminista o el feminismo mágico, como lo acuña Patricia Hart, parte de una conciencia de ser mujer en un mundo para hombres. Allende ofrece, a través de la palabra, otra forma de percibir el mundo, como lo hicieran los surrealistas a inicios de siglo XX.

Allende ofrece una perspectiva feminista sobre la injusticia social, pues sabe que las cuestiones de género van unidas a las de clase y raza, ya que es consciente de toda una gama de clasificaciones sociales en base a estas categorías:

> En América Latina la mujer de clase media y alta educación se parece a la norteamericana y a la europea, pero eso no sucede con la campesina o la indígena. Yo quisiera ser la voz de todas: no sólo de las que han tenido, como yo, la suerte de alcanzar niveles de reconocimiento. Creo que mis personajes femeninos son mujeres con conciencia del hecho de ser mujeres. No podría negar ese verdadero compromiso que constituye el ser mujer. (Arango 7)

Así como Breton defiende la posición de los obreros explotados y se declara a favor de la revolución socialista, Allende opta por defender a los marginados cuando en los ochentas surgen los movimientos revolucionarios de izquierda y la teología de la liberación, tal como lo vemos en Nívea luchando a favor de los obreros en *La Casa de los espíritus*, en Eva que se enamora de un guerrillero y en *Los cuentos de Eva Luna* donde vemos a un sacerdote revolucionario. Vemos cómo el compromiso de que nos habla es para ella una responsabilidad porque tiene la capacidad de expresarse y denunciar el hecho de que las mujeres de las zonas más pobres sufren mucho más que las mujeres de otros sectores sociales.

La conciencia feminista de Allende surge en realidad a los cinco años, cuando ella observa que sus hermanos tienen libertad de movimiento, pero que a ella se la mantiene encogida y no le parece justo que haya esa diferencia.

> CELIA. ¿Puedes recordar cuándo fue la primera vez que tuviste conciencia feminista, por decirlo de algún modo?
> ISABEL. A nivel de entrañas lo sentí a los cinco años, cuando mi madre me dijo "siéntese con las piernas juntas, como una señorita", mientras mis hermanos jugaban en el patio trepados en un árbol. (Correas 114)

Notemos que Allende parte del autoanálisis de su vida, de un conocimiento íntimo que ha de ser valorado y no acepta el conocimiento impuesto del deber ser que le da a conocer su madre. Esta reflexión sobre lo que dice sentir en sus entrañas es la materia prima de sus convicciones y de su escritura. Su rebeldía contra las normas patriarcales surge de esa parte de su cuerpo que ha de esconder entre sus piernas. Es decir, que hay algo prohibido, negado, escondido y misterioso en su cuerpo. Así como Foucault habla de los cuerpos dóciles que tienen los militares por obedecer a un complicado entrenamiento (Rabinow

182), las mujeres también inician a esa edad todo un aprendizaje de conductas femeninas con respecto a su cuerpo que afectan la percepción que tienen de sí mismas y de lo que son capaces de hacer o no.

La sexualidad de la mujer se concibe entonces a modo de tabú, por lo que Allende, como feminista, utiliza un discurso erótico lleno de ironía tanto en sus entrevistas como en sus textos. Por ejemplo, en una conversación grabada con Alice Walker y Jean Shinoda Bolen, Allende declara que el acto de escribir es, para ella, una orgía, pero al mismo tiempo es catártico porque parte de las situaciones dolorosas que experimenta, y un dolor recurrente es ser consciente de que por ser mujer se la trate injustamente. Aquí incluimos un fragmento de su fluir de conciencia que explica de dónde vienen sus textos:

> All my books come from very deep emotions that have been with me for a very long time, and those emotions are usually painful. It is abandonment, pain, anger, death, violence... a lot of violence in my life, but there are also joyful emotions that go with the writing and all the senses. The sensuality of writing... the lives of the characters... The story telling... All that... It is such an orgy. I mean it is always pornographic. All those moments that I spend with my characters in that room in solitude doing whatever we want. It is great. All those fantasies that I can never do with any men. I mean, they are so limited... and you find all these characters in novels who are just relentless, to say the least. There is a mixture of both the love and the pain.

Al asociar la escritura con los sentidos, Allende parece compartir con Cixous, Irigaray y Kristeva "the term writing to cover cultural/creative activities" (Ives *Cixous* 20). Luego, la conexión del amor y el dolor en proceso de creación, nos recuerda el binomio freudiano de *eros* y *tanatos*, así como también la sublimación del dolor a través del arte, en su caso el de la escritura. Allende se instala en la posición marginal del género femenino y a este dolor se le unen otras experiencias que la llevan a crear a Eva Luna, un personaje que logra cambiar su destino de mujer pobre a través de la narración de cuentos y la escritura de un guión de telenovela. Se denuncia la injusticia social hacia las clases bajas dentro de la dictadura porque lo real pasa por ficción. De esta manera, el amor vence a la muerte a través de la palabra que transforma las realidades más nefastas, pues el sueño de una realidad distinta se materializa si es expresado y llevado a cabo sin temor.

Allende se quita uno de sus velos en una entrevista diciendo: "en boca de Eva Luna puse todo lo que siempre quise decir sobre la situación de la mujer . . . se trata de un feminismo práctico, asumido con gran naturalidad" (Correas 117). Más adelante le confiesa a Correas que se identifica con este personaje "porque se rebela contra su destino usando el único don que le dio la naturaleza: el don de contar. Porque es femenina y feminista. Porque tiene un corazón recto y no teme su propia sensualidad. . . . Así aspiro a ser" (120). Eva Luna es el modelo que se crea Allende para mostrarnos que es posible cambiar nuestra injusta realidad de ser consideradas como el segundo sexo. Como dice Bárbara Godard, "women's theorizing appears as/in fiction. Women's writing disturbs our usual understanding of the terms fiction and theory which assign value to discourses...

Fiction/theory has been the dominant mode of feminist writing" (de Lauretis "Sexual" 269). Por lo tanto, aunque Allende no tenga un libro de ensayos teóricos como Escofet, ambas teorizan a través de la ficción en meditaciones que rompen las fronteras de los géneros literarios. Según de Lauretis, la ficción teórica puede tener: "poetry and prose, verbal and visual modes, narrative and cultural criticism, and instates new correlations between signs and meanings, inciting other discursive mediations between the symbolic and the real, language and flesh" ("Sexual" 60). Estos son los espacios mágico realistas o surrealistas en los que estas dos feministas latinoamericanas crean sus teorías de género.

Amelia Valcárcel le diría a Allende, "te hiciste contra lo aprendido e inculcado. Encarar y renegar de aquel mundo y su normativa fue duro y costó dolores personales abundantes; nuestras vidas, y las de las que vinieran tras nosotras, nos importaron mucho; y el currículum lo hemos sabido y tenido que hacer aparte de nuestra militancia, con todos los costos" (126). Aunque Valcárcel es española, fue también de la dura experiencia que surgió el feminismo en Latinoamérica, con un dolor en las entrañas, como afirma Allende, y no por teorías extranjeras que siempre llegan con retraso y que pocas veces se traducen al español. Las teorías sirven luego para analizar y ponerle nombre a nuestro dolor, pero el comprender su origen no hace que nos duela menos.

Las hormas internas que aprendemos desde niñas llegan a ser asumidas y aceptadas como algo natural, cuando han sido impuestas. Por esta razón, Simone de Beauvoir dice que una mujer no nace, sino que se hace. Sin embargo, cabe preguntarse si es posible deconstruirse y reconstruirse o sobrevivir y sobremorir al dejar atrás al arquetipo, como diría Escofet. Valcárcel nos dice que esto se logra a través de la búsqueda de modelos y hay que diferenciarlos de las hormas. "Las hormas nos llevan al troquelado y los modelos a la libertad. La horma es una, los modelos pueden ser varios . . . el ser humano libre tiene la potestad de elegir sus modelos" (18-19). Esta forma de diferenciar la horma del modelo es similar a los arquetipos que debemos desarmar, según Cristina Escofet. La horma se disfraza en muchos arquetipos que refuerzan roles de mujeres sumisas y dependientes, que producen y reproducen el orden social establecido. Escofet plantea "des-armar el imaginario modelo" (*Arquetipos* 183) o arquetipo que se nos ha impuesto como norma, y que Valcárcel identifica como horma.

De aquí que Eva Luna sea un personaje clave dentro del feminismo de Allende, pues es un modelo de mujer libre, capaz de cambiar su destino. Ella deconstruye las expectativas sociales que se tienen de ella y de ser una pícara huérfana, pobre, sin educación y temerosa en las calles, para luego construirse como una persona independiente, profesional y nada temerosa de su sexualidad. Es decir, el mito del arquetipo de Eva o la norma de la mujer como costilla de Adán y culpable de la caída del hombre en el pecado es a travesado, según Escofet, o es una horma abandonada, según Valcárcel, para ser libre de crearse y recrearse a su gusto de forma constante a través de la palabra. Eva Luna es una trasgresora, como lo es la del mito bíblico que descubre el conocimiento del bien y del mal a través del placer gustativo. La percepción sensorial de lo material la lleva al saber abstracto y esto afecta su entorno y su ser en el mundo. Eva no le teme a su placer, pues Cixous observa que la manzana es una metáfora del seno materno. Según Cixous, el Génesis es un relato surrealista ya que hace la siguiente observación: "our oldest book of dreams relates to us in its cryptic mode that Eve is not afraid of the inside, neither of her own nor of the other's. . . . Indeed, Eve can be said to demonstrate the courage of an artist, a willingness to lose oneself in experiencing a certain oral and specifically feminine pleasure" (Berkowitz 178). De ahí que Eva Luna trate de definir el placer femenino relacionado al proceso creativo a partir de lo subconsciente y lo sensorial como parte de su identidad.

La importancia del lenguaje en *Eva Luna*, nos recuerda lo que Martin Heidegger estipula al respecto en cuanto a la creación de la identidad del sujeto. El lenguaje delimita al nombrar algo, lo crea: "El habla es lenguaje existenciario . . . es constitutivo del ser ahí [en el mundo]" (180) y además, el lenguaje produce el fenómeno de la comunicación con el Otro, el dar parte de algo, en el caso de Eva es contar un cuento, que "constituye la articulación del ser uno con el otro. . . . Es coencontrarse y cocomprender" (181). De este modo, Eva como narrataria y protagonista se inserta en el mundo a través de la palabra al contar su vida y aventuras a los lectores. Eva encuentra que se va conformando en su relación con los demás (el ser con) y comprende que su realidad personal e histórica (el ser ahí, en el mundo en un momento determinado), pueden ser recreados por su propio discurso si pronuncia cualquier palabra que elija. El poder del lenguaje para cambiar la realidad se plasma en esta línea: "Una palabra mía y, ¡chas!, se transformaba la realidad" (*Eva Luna* 30).

En consecuencia, es de esperar que el discurso de Allende esté cargado de erotismo y de modelos de mujeres que subvierten las hormas sociales o arquetipos que nos obligan a conservar patrones de jerarquía entre hombres y mujeres. Si la palabra tiene el poder mágico de transformar el mundo tal como lo conocemos y crear nuevas realidades, el discurso feminista se atreve a romper los silencios sobre la sexualidad femenina y proponer diversos modelos de ésta. Ya Foucault ha advertido que la proliferación de discursos sobre el sexo desde el siglo XVIII había permitido nombrar numerosas sexualidades bajo el estigma de perversiones, por lo que ahora que ya existen en el lenguaje común. El discurso feminista puede muy bien apropiarse de las supuestas perversiones y quitarles el estigma negativo o disfraz con el que fueron nombradas. Dentro de los estudios de género, existe nuevamente una incitación a multiplicar los discursos de sexo y los modelos de mujeres han dejado de parecerse a la Virgen María en las sociedades cristianas.

Allende nos ofrece un feminismo cultural, donde la palabra crea un nuevo espacio de refugio frente a la injusticia social por género, clase o raza, mas este espacio ficticio llega a materializarse si el sujeto actúa para superar su triste destino. El poder de la palabra para ella surge del sueño o de la intuición, pues le dice a Michael Toms que "dreams somehow unclog your mind and keep you tuned in to the unconscious world, from which you can draw experience and information. I think that's what stories do. . . . We tune in to the myth and somehow we make society dream" (176-77). Esta afirmación la lleva a mantenerse alerta a cualquier percepción tanto interna como externa de cualquier sensación para acceder a un nuevo conocimiento y plasmarlo en el lenguaje. De ahí que, aunque Allende no haga uso de la escritura automática como técnica surrealista, podríamos decir que su mágico feminismo incluye el material subconsciente. La idea de que uno no está separado del mundo ni cuando sueña, ya que las ideas no sólo surgen de la percepción de lo material hace que la realidad, según Allende, sea mágica o surreal y material o real al mismo tiempo. Por lo tanto, su feminismo plantea que es posible mejorar la situación de la mujer si expresamos y creamos con el lenguaje lo que deseamos o está en el mundo subconsciente personal y social.

Este espacio del mundo subconsciente, visitado por Allende y Cristina Escofet a través de sus textos, es, según Cixous e Irigaray, el locus del placer femenino o de la *jouissance* del exceso del placer. Esta metáfora de lo semiótico como fuente de significados es para Kristeva *el cora* y lo asocia al mundo materno antes de la separación de la madre en los líquidos uterinos. Para las dos primeras críticas francesas, se trata de un placer desbordante e ilimitado en base a conexiones múltiples, por lo que es un concepto postmoderno. Allende lo representa en la narración de sueños y cuentos, como, por ejemplo, en la comunidad afectiva de mujeres de su primera novela, *La casa de los espíritus*. La continuidad de conexiones lésbicas, según Adrienne Rich, tiene toda una tradición desde los tiempos antiguos en Lesbos en que las mujeres eran segregadas y abandonadas tanto física como emocionalmente. Allende tematiza este fenómeno tanto en mujeres casadas como en las jóvenes pobres, o de razas y clases marginales como son las indígenas y las negras. Su feminismo examina los procesos psíquicos y socio-políticos que dan lugar a la expresión de la sexualidad femenina tanto en el lenguaje semiótico, de la imagen, como en el lingüístico, de la palabra, donde el velo entre lo real y lo surreal desaparece y reaparece en un juego indefinido, tal como es el placer femenino.

Capítulo 2: La propuesta de trascender el mal

"Maybe, this literature says, it is not true that we are perverse and evil. Maybe the idea of original sin is just a terrible mistake" (Allende "Writing" 55).

2.1 La sexualidad femenina y el mal[1]

La mujer que busca una identidad independiente no puede identificarse con la Virgen María o "el ángel del hogar". El arquetipo que vería en un espejo al buscar su identidad sería el de un monstruo, parte ángel y parte demonio, porque el mal es necesario para lograr la paridad. El bien y el mal se funden en esta imagen surreal de la humanidad femenina como algo monstruoso. Breton rescató el cuento judío medieval de Melusina, la mujer que abandonó a su esposo porque no la dejaba a solas en el Sabbat, como emblema de la subversión surrealista. Sin embargo, este arquetipo monstruoso es retomado por el feminismo porque deriva del mito del Lillith, la primera mujer que abandona el patriarcado y es recordada como un demonio que se fue volando. Asimismo, el Sabbat es una festividad que tuvo su origen en las religiones paganas que se regían por un calendario lunar y adoraban a diosas que el patriarcado señala luego como demonios. Nel Noddings nos recuerda que

> even godesses were thought to menstruate (the early female deities were not all spirit!), and the full moon was thought to be the time of menstruation for Isthar, moon goddess of Babylon. Interestingly, this day was called sabbatu, or evil day, and is the forerunner of the Sabbath. . . . Biblical accounts attest to the perceived power of the great goddesses. (39)

Es entonces necesario analizar el mal en la mujer, pues Escofet nos entrega esta imagen surrealista de melusina en el desenlace de *¿Qué pasó con Bette Davis?* y Allende lo hace con Melesio y la pícara Eva en *Eva Luna*, quien deja de mestruar por un trauma sexual y cuyo nombre la relaciona al origen del pecado original y con el ciclo lunar.

Según Valcárcel, a partir de los años setenta, una gran cantidad de mujeres feministas se arriesgaron a ser "malas", en el sentido de apropiarse de los males masculinos, y demostraron que éstos no tienen que tener género o depender de quién los realice . . . es también un derecho al mal. Derecho a los bienes que antes sólo los otros poseían (134-137). Al salirse de "las normas del agrado", las mujeres pueden elegir el tabaquismo, la grosería, el sexo sin amor, la ambición, etc. Consecuentemente, pueden crearse todo tipo de modelos de mujeres nuevas. ¿Le gustará al amo que le paguen con la misma moneda? ¿Será feliz la mujer con estos nuevos males? ¿Para quién está mal o bien? La identidad femenina se está recreando y cada día emergen nuevos modelos. Si "la moral católica se focalizaba en esto: una represión sexual absoluta, la obsesión por la decencia, un ideal de pureza ejemplificado por las muchas vírgenes que se nos presentaban como modelos a imitar" (Camps 227), las mujeres nuevas están a la vanguardia de una moral más justa y rescatan modelos fuertes que antes fueron los anti-modelos. Por ejemplo, Isabel Allende rescata a la pecadora y culpable Eva, mientras Cristina Escofet hace lo mismo con Bette Davis, actriz encasillada en papeles de mujer malvada. Son muchas las mujeres que han sido juzgadas por una moral sexual, como diría Angela Carter:

> En términos generales, para la mujer, la moralidad no tiene nada que ver con la ética; significa moralidad sexual, y nada más que moralidad sexual. Ser niña mala se suele asociar con tener relaciones pre-matrimoniales; ser una mujer perversa tiene que ver con el adulterio. Esto significa que para una mujer es mucho más fácil llevar una vida intachable que para un hombre: lo único que tiene que hacer es evitar las relaciones sexuales como si se tratase de la peste. ¡Qué hipocresía! (8-9)

Quizás la horma sea clara, pero en realidad no es fácil ni deseable tener que vivir una sexualidad hipócrita como mujer por el simple hecho de mantener un orden social que beneficia más a los varones, a quienes sí se les permite una doble moral que implica una sexualidad separada del sentimiento amoroso. Las mujeres, salvo ciertas excepciones, estamos entrenadas para enamorarnos y cargar con la culpa cuando nos maltratan, como Eva y las santas. Esto se debe a que los sentimientos son relegados a la mujer, mientras que la razón y el control se consideran propios del varón. En una sexualidad femenina controlada por la monogamia, con la institucionalización del matrimonio, las mujeres que quieren ser "buenas" pierden la oportunidad de experimentar con la sexualidad a partir del deseo propio, que supuestamente no tienen ni de niñas, lo que les impide desarrollar todo su potencial humano. Sin embargo, como realmente lo tienen, terminan frustradas o histéricas, según lo evidenciaron los estudios psicoanalíticos del siglo XIX. Si decimos que una niña "se hace mujer" desde el momento en que practica el coito con un hombre, el discurso patriarcal supedita nuestra existencia como mujeres a un placer dependiente del hombre y a los hijos que él, como se dice comúnmente, "nos da o hace" como regalo o creación suya.

No olvidemos que desde que Freud teorizó sobre la sexualidad femenina, la mujer es un ser sexual con deseos fálicos que la llevan a la histeria y pueden desencadenar la locura si ella se reprime y no se casa ni tiene hijos. Ser madre le da el pene que tanto desea envidiosamente y necesita, según el psicoanálisis freudiano. Además, la madurez normal de una mujer culmina con la aceptación del matrimonio y la creación de la familia, con el esposo como el patriarca protector y guía responsable del destino del grupo familiar. Su posición tampoco es nada envidiable, como muestran los actuales estudios sobre la masculinidad y sus problemas.

En la familia se controla la sexualidad de la mujer, mientras que el esposo tiene asegurados los hijos que van a heredar lo que a él le corresponde como miembro activo de la economía y el progreso social. Allende critica lo arriba expuesto y a la vez usa la exageración para reírse de Esteban Trueba, el respetable patriarca que había sembrado una "región de bastardos" (*La casa* 74). El mérito del trabajo del hombre es recompensado con dinero que le sirve para obtener solaz y ver cómo prospera su familia, sobre todo sus hijos, que le harán trascender su muerte. Tener una esposa que ayude con la crianza de los hijos y los quehaceres domésticos es vital en este sistema económico-social de trabajo y recompensa que es nuestro mundo consumista. Cabe notar que el trabajo doméstico que las mujeres realizan en sus hogares no es asalariado; se hace, supuestamente, por amor.

Es también por amor y respeto a los padres que las niñas aprenden a rechazar su propio cuerpo y luego el mercantilismo se encarga de que nunca lo encuentren perfecto. Las niñas buenas son obedientes, aunque son las desobedientes las que, como Allende, logren tener éxito en la vida. Y aquí cabe recordar la anécdota que cita sobre cómo su madre la obligaba a sentarse como una señorita. Desde que a las niñas se les despierta la curiosidad por el placer que le da su cuerpo, en la cultura católica latinoamericana se les inculca que esto es malo y que el sexo es algo sucio. Al ser buenas, las niñas son amadas en el seno familiar y esto condiciona su conducta. Las niñas malas son las que pueden matar a su madre de un disgusto o hacer que el padre abandone el hogar. Valcárcel describe este aprendizaje de la siguiente manera:

> Conseguir el autocontrol y la doma del cuerpo, supone también ahormar el espíritu y el intelecto para que seamos lo que debemos ser, lo que se espera y desea que seamos. A lo largo de los primeros años nos vamos dotando de fuertes hormas internas que nos hacen aceptables a los demás. En el momento que ya ni siquiera las notamos, el proceso de troquelado está concluido. (17-18)

Este proceso de internalización de reglas denota la conexión que existe entre el control del cuerpo y de la mente, por lo que es interesante recordar que la niñas buenas generalmente viven encerradas y supervisadas por sus padres y la sociedad, hasta que ellas mismas se autocontrolan y llegan a no percibirse a sí mismas, sino a través de la mirada ajena. El panóptico del que hablan Bentham y

Foucault es como el ojo de Dios o el Gran Hermano de George Orwell; por lo que las normas sobre la pasividad de las niñas se aceptan como si fuesen algo natural, pues todos se encargan de que así sea y que su comportamiento reprimido sea una realidad. La pasividad de las niñas buenas hace que las niñas activas sean consideradas como anormales o perversas, términos ligados a la sexualidad.

Según Foucault, la consideración de las conductas sexuales como perversiones mediante el discurso médico y religioso aparece con el puritanismo victoriano. Se crea un nuevo código para hablar de sexo y se da nombre a las perversiones que han de ser controladas o remediadas, como la histeria femenina de las protagonistas de la literatura realista decimonónica. Desde entonces, se reconoce la existencia de mujeres que no reprimen sus deseos sexuales y que terminan divorciadas o víctimas de crímenes pasionales. La ciencia aún sigue tratando de controlar los deseos físicos con terapias, medicamentos, educación y normas sociales de conducta. Vivimos en una sociedad perversa, según Foucault, pues al hablar más de sexo de forma médica se produce un efecto contrario, ya que esto da lugar a la "dissemination and implantation of polymorphous sexualities" (Rabinow 300). Esta diseminación la encontramos en los discursos feministas de este estudio.

El discurso normativo ofrece como modelo la vida de la Virgen María y de las santas, llenas de conductas masoquistas basadas en grandes sacrificios para ser amadas por un hombre que no tiene presencia, por ser divino. Es un amor asexual, aunque las místicas, como Santa Teresa de Jesús, describen el amor divino en términos terrenales cuando hablan de la unión de su alma con Dios. El alma se separa del cuerpo que arrastra al pecado para poder alcanzar a Dios y los roles edípicos de la familia quedan intactos porque Dios es padre-hijo-esposo en espíritu. Nada carnal, por supuesto, porque el cuerpo no debe conocerse a través de los sentidos para no sentir placer, ya que eso lleva al autoconocimiento. Tal saber le otorgaría seguridad e independencia a la mujer, que podría apartarse de Dios y crear sus propias reglas y hasta otro reino, el de la oscuridad o el del mal. Un estudio reciente sobre el periodo medieval, por ejemplo, "has seen misogyny as a causal factor not only in the persecution of women as witches, heretics, or eccentric mystics, but also in women's own religious behavior. . . . Historians have suggested that chastity was the central religious issue for women and that Mary, God's ever-virgin mother, was the dominant symbol" (Walker Bynum 258).

Si el discurso del poder ha tratado de negar la sexualidad femenina, es en la expresión cultural de forma artística donde podemos encontrar las pistas que nos ayudarán a saber más sobre ésta. Por lo tanto, me parece interesante analizar la presencia de personajes literarios femeninos que son sexualmente activos y que por eso se les identifica con el mal. Sin embargo, el hecho de encontrarlos en el espacio de la ficción abre un espectro más amplio de posibilidades porque confluye aquí tanto lo consciente como lo subconsciente. Es decir, se trata de no ver todo de forma lógica o simplista, como si fuéramos máquinas, buscando una relación de causa y efecto. La física cuántica prueba hoy en día la complejidad de los niveles de realidad por interconexiones ajenas a los conceptos clásicos.

Para Fritoj Capra, "In quantum theory, we have come to recognize probability as a fundamental feature of the atomic reality which governs all processes, and even the existence of matter. Subatomic particles do not exist with certainty at definite places, but rather show tendencies" (133). De ahí que este estudio se hace mucho más interesante si escogemos textos que utilizan técnicas surrealistas o del realismo mágico que aceptan la convergencia de lo real y lo imaginario. La probabilidad, por ejemplo, es explorada por el surrealismo en la escritura automática como punto de partida, la libre asociación de imágenes, la yuxtaposición de contrarios, la inversión de lo real y de lo mágico, entre otros juegos que subvierten la lógica.

Este tipo de textos rescata no sólo el tema vedado de la sexualidad femenina, sino su conexión con una nueva forma epistemológica de acercarnos a conocer este aspecto de nuestra realidad. Muchos personajes femeninos logran desarrollarse a través de los sentidos y dentro de ellos no es la vista lo más importante, como suele ser en nuestra cultura patriarcal que domina al Otro al convertirlo en objeto de la mirada y del deseo. Se trata de una combinación de todos los sentidos, según la primacía del cuerpo que sugiere Hélène Cixous. Además, se demuestra que no sólo hemos de hacer uso de los cinco sentidos para aproximarnos a la realidad, pues la intuición y el azar son parte de todo proceso cognoscitivo, tal como lo experimentaban los surrealistas, y entran dentro de lo inexplicable de la relatividad del mundo postmoderno. Los géneros ya no son fijos, sino que la sexualidad femenina se enriquece con la variedad de posibilidades que se crean cuando no se reprimen los instintos. En el mundo del sueño y la imaginación no existen límites, por lo tanto el espacio de una realidad mágica hace posible la aceptación de nuevas opciones.

Otro modo de acercarnos al conocimiento, aparte del sensorial, es usar lo mágico como método válido de aproximación a las realidades en que vivimos. Por lo tanto, mediante estos textos se indaga en el conocimiento profundo de la vida íntima del ser desde su género o posición en el mundo, y, de esta forma, nuestra capacidad de obtener conocimientos se amplía al aceptar lo real y lo mágico o surreal como posibilidades válidas.

Como señalamos en el primer capítulo, Escofet plantea una nueva percepción de nuestro ser en el mundo partiendo de nuevas miradas donde no sólo se ve con los ojos o el resto de los sentidos corporales, sino también "con el corazón, con el sexo, con el miedo, con la angustia, desde la vida y la muerte, desde la muerte a la resurrección" (*Arquetipos* 50). Notemos que la razón no es suficiente porque muchos arquetipos se han fosilizado en nosotros y por eso hemos de aprender a percibir tanto en el plano ideal, como en el material. Allende señala, asimismo, que la palabra viene del sueño, y es ahí donde confluyen lo real y lo irreal, lo individual y lo colectivo, por lo que encuentra que la sincronía se plasma en la escritura.

Isabel Allende, en una entrevista con Jennifer Benjamin y Sally Engelfried, da incluso ejemplos de lo útil que es la meditación, de lo premonitoria que es su literatura y de los casos verídicos de sincronía que encuentra como forma de saber dejarse guiar, y dice así:

When you are in a project, no matter what the project is, the world conspires to make it possible, and there are a lot of things going around that come together to lead you in the right direction, if you pay attention and you listen. . . . Often things coincide in such a way that you have to ask yourself what are these synchronicities? Why do these things happen to help me with the writing? (397)

Este uso del subconsciente es una técnica surrealista conocida como azar objetivo, y es usada por Allende y Escofet para lograr nuevas conexiones sobre temas de género. Allende cuenta cómo ella escribe sobre sucesos ficticios y después descubre que ya se habían materializado y cómo sabe de cosas por sincronía, porque es como si se las dictaran.[2] Además, es interesante que ambas hayan "sincronizado" con el arquetipo de Eva y cuestionen su supuesta maldad en una multiplicidad de roles femeninos, tal y como veremos a continuación.

2.2 Juicio a Lillith-Eva en *¿Qué pasó con Bette Davis?* en diálogo con *Eva Luna* y *Los cuentos de Eva Luna*

En *¿Qué pasó con Bette Davis?*, de Cristina Escofet, y *Eva Luna* y *Los cuentos de Eva Luna*, de Isabel Allende, se parte de que la sexualidad femenina ha sido vista como pecado y, por ello, la mujer ha sido castrada metafóricamente a través de la historia individual y colectiva. Desde el inicio de la era cristiana contamos con una historia en la que "sex became more closely linked with sin and the devil. . . . This most powerful collective image is responsible for the deeply ingrained feelings of guilt and shame that contribute to the sexual conflict in our own post-Christian society" (Feuerstein 101). En este apartado analizamos tres textos que dialogan con el mito de Eva, la pecadora que simboliza al género femenino y que logra redimir a la humanidad a través de su maternidad en el rol de Virgen María. En el texto dramático de Escofet, tenemos a Bette Davis como Lillith, recordada por sus roles de mujer mala, por ser sexualmente activa y así romper con las normas morales diseñadas para las mujeres; en la novela y la colección de cuentos de Allende tenemos a Eva Luna, una pícara que cuenta cuentos de mujeres que tampoco aceptan una sexualidad reglamentada por el matrimonio heterosexual.

En todos estos textos se hace uso de la técnica de la auto-reflexión como método de investigación y creación de una subjetividad e historia propias. Vemos cómo el recuerdo y la memoria de la juventud sirven para conocer la sexualidad femenina: en el juicio de vidas pasadas, a través de la historia en Escofet, y en la picaresca autobiográfica y yuxtaposición de cuentos, en el caso de Allende. La memoria crea ya un espacio surreal. Abundan los rasgos surrealistas, tales como la importancia del azar, de lo inexplicable, de los sueños y de la memoria para luego reescribir el presente y recrear la identidad femenina. Esta característica continúa en todas las piezas teatrales de Escofet, pero se enriquecen con el uso de la combinación de técnicas surrealistas y postmodernas, sobre todo de la parodia del patriarcado, ya que se trata de textos feministas.

Lo primero que crean estos textos es un espacio mágico, un mundo paralelo al real en el que cualquier cosa puede suceder para así lograr percibir un mundo más justo. Se trata de una técnica estético-ética si se considera que el feminismo es un movimiento romántico que se rebela contra las estructuras patriarcales por beneficiar sólo a los varones. Patricia Hart, que ha estudiado ampliamente los textos de Allende, afirma lo siguiente sobre este aspecto:

> Magic feminism occurs in works in which real and impossible (or wildly improbable) events are juxtaposed, when this juxtaposition is narrated matter-of-factly, and when the telling of apparently impossible events leads to the understanding of deeper truths that hold outside of the text. In addition, conventional notions of time, place, matter, identity, or logical cause and effect are often challenged. The result of reading this may very well be to change the reader's perceptions of what reality is or should be. When these processes occur in a feminocentric work, a work centered on women, their status, and their condition, we may speak of magic feminism. (106)

Estas características las encontramos en los textos de ambas escritoras. Por lo tanto, es válido resaltar que se trata de textos literarios que al tener una agenda política fuera del texto, yuxtapongan diversos planos de realidades como alternativas de cambio. Tal *collage* no es sólo un rasgo surrealista o postmoderno de una realidad fragmentada o aglutinante, sino una forma de lograr un cambio de perspectiva del mundo que nos rodea desde diversos ángulos. Consecuentemente, tanto Escofet como Allende, nos ofrecen en estos textos una visión caleidoscópica de diversas situaciones yuxtapuestas en mujeres, cuya sexualidad se sale de las normas establecidas por la sociedad patriarcal.

A través de este feminismo mágico, los lectores se enfrentan a inversiones, exageraciones y utopías de posibles conductas sexuales que la sociedad patriarcal condena como perversas. Sin embargo, al ser tomadas de nuestra realidad cultural y nuestra mitología social, las aceptamos como parte lúdica del conocido realismo mágico, que se transforma en feminismo mágico. Cristina Escofet comparte este estilo y nos invita a añadir a nuestra mirada cartesiana o binaria de la realidad, la mirada hacia dentro para "desarmar el imaginario modelo" (*Arquetipos* 183) de nuestra cultura o los arquetipos creados por la sociedad que están en los mitos, la literatura, los medios de comunicación; y, por lo tanto, fosilizados en nuestro subconsciente, por lo que los representamos en nuestra vida diaria. Tanto Escofet como Allende buscan atravesar los arquetipos, a los que consideran "camisas de fuerza" que inmovilizan, deforman y silencian la sexualidad femenina. Por lo tanto, sus textos los van desarmando uno a uno. A continuación nos concentraremos en el arquetipo de la mujer mala o perversa: Lillith.

Las protagonistas de *¿Qué pasó con Bette Davis?*, *Eva Luna* y *Los cuentos de Eva Luna*, conforman el primer estereotipo con el que toda mujer debe enfrentarse si ha recibido la influencia de la cultura cristiana en su entorno socio-cultural, el de la mujer como "ser culpable" de la caída en el pecado y de la expulsión de Adán del paraíso.[3] Este arquetipo tiene su doble en el subconsciente masculino, tal y como sugiere Luis Buñuel en su filme surrealista *Ese oscuro objeto del deseo* (1977). La mujer es un ser misterioso e incomprensible como Conchita que goza con escamotear su cuerpo al amante, luego de coquetear con él. Primero tenemos a la mujer que le niega su cuerpo al hombre, como Lillith en el mito judáico y hebráico, que abandona a Adán porque éste no la deja colocarse sobre él y obtener placer clitoral, y luego a la mujer que es como una niña sin deseos, que obedientemente complacerá y redimirá al hombre en el matrimonio: Eva, como la Virgen madre de la humanidad. En consecuencia, desde una perspectiva feminista este estereotipo es revisitado para volver a juzgar dicha culpa hereditaria de las mujeres que se ha fosilizado en nuestras conciencias. Según Escofet, nos han seguido identificando con el arquetipo de Lillith a través de los medios de comunicación en los personajes de la *femme fatale*, tal como lo representaba Bette Davis. Asimismo, en la cultura latinoamericana sigue presente el discurso religioso sobre Eva como la pecadora que debe purificarse en el matrimonio heterónomo, como lo vemos en las telenovelas a las que hace alusión Allende y a las historias que parodia y altera Eva Luna. Lillith incluso ha perdurado en el imaginario puritano estadounidense como símbolo de la rebeldía femenina, por ejemplo, el festival musical: Lilith Fair[4] es un espacio en el que se expresan problemáticas femeninas de forma musical y por lo general se trata de artistas que rompen los parámetros del canon masculino.

Consecuentemente, la actriz americana Bette Davis[5] es también el personaje que ha representado muchas veces a las hijas de Lillith, como diría Erika Bornay, pues encuentra a Lillith en la mujer nueva de finales del siglo XIX que compite con el hombre en el ámbito público. Las mujeres representan el terror masculino: "un ser usurpador, y por tanto, amenazador ya que ponía en peligro la estabilidad y continuidad de las instituciones y de los derechos y privilegios establecidos" (16). Sin embargo, estas mujeres representan un terror aún mayor para la base del patriarcado. ¿Y cuál es? Pues, nada menos que la existencia de la sexualidad femenina. Se trata de mujeres que se atreven a tener deseos propios y esto causa problemas, ya que los varones no están acostumbrados a respetar otros deseos que no sean los suyos. Han creído que sólo existe el deseo masculino, por lo que el deseo fálico se ha impuesto y ha servido de base para la creación de nuestras relaciones sociales y el desarrollo de nuestra cultura. En esta pieza metateatral vemos cómo Bette es juzgada por los lectores y Betanzos, un ángel caído que trabaja como administrador de almas, en un limbo o espacio mágico donde el espíritu del personaje se defiende de las acusaciones que la identifican como secuestradora, espía, impostora, seductora, rebelde, bruja, arpía, etc., según sus roles de actriz, pero que son considerados como vidas pasadas o karmáticas. Por lo tanto, al mezclarse los roles ficticios con los roles reales, el lector puede usar la auto-reflexión y tomar conciencia de los arquetipos u hormas que ha internalizado a través de los años y modificarlos.

Se sobrepasan los límites entre lo real y lo surreal. No es gratuito que los roles ficticios que representa Bette en esta pieza sean comparados con roles de dramas reales en la historia de la humanidad. Se señala que vivimos todavía representando arquetipos creados por el patriarcado. Se juzgan los casos de mujeres condenadas por la sociedad como Ana Bolena, La Condesa Sangrienta, Maitagarri, Trinidad Guevara, Juana de Arco y, por supuesto, Bette Davis es la mujer que como actriz se pregunta: ¿He sido más mujer [real] o más actriz [surreal]? Ella no considera justo que se la condene por esos roles impuestos por la sociedad, mas Betanzos afirma que es culpable por herencia materna; es decir, por ser hija de un súcubo, "demonio que adopta la forma ilusoria de mujer para tener relaciones con hombres y engendrar al hijo del *demonio* . . . su padre copuló con un demonio" (*Tres obras* 123). Esta asociación de la mujer con el demonio la crean los patriarcas judíos cuando se exilian en Babilonia, donde se adoraban a diosas cuya sexualidad era reverenciada por su conexión con los misterios de la vida y la muerte. Sus símbolos: la serpiente, el árbol y el búho empiezan a ser denigrados en *La Épica de Gilgamesh* sobre la diosa Innana, *El Talmud* babilónico, *El Zohar* y *El Alfabeto de Ben Sira*. Más tarde, en el mito bíblico se presenta al hombre como víctima de la tentación de Eva por su relación con la serpiente en el árbol y no se menciona a Lillith, mas que en el libro de Isaías.

Por lo tanto, los textos postcoloniales de las escritoras latinoamericanas necesitan dialogar con Eva y Lillith por ser arquetipos impuestos desde la conquista. Recordemos que la diosa Tonatzin del imaginario azteca también tuvo que ser olvidada o confundida con la Virgen María; sus símbolos de regeneración y unión de lo terrenal, real, con lo espiritual/mágico, irreal, han quedado en el águila y la serpiente del escudo mexicano. Helene Carol Weldt-Basson encuentra que en "La llorona," Sandra Cisneros reconcilia a la Virgen María con esta diosa indígena "associeated with sin, serpents, and sexuality" (208). Rosario Castellanos en *El eterno femenino: farsa* (1973) también había entablado un diálogo con Eva, y ahora Cristina Escofet e Isabel Allende retoman esta desmitificación de la maldad de Eva y Lillith.

En el texto de Escofet, los lectores o audiencia somos jurado y testigos de un metateatro en el que se representa una obra que jamás se representó de forma directa, pero que se reproduce todos los días: el juicio a la mujer culpable que acepta ser sacrificada por atribuirse una culpa no heredada, sino impuesta por los mitos patriarcales en el mito del génesis. Bette confiesa al final que necesitó de sus personajes para soportar la carga de la culpa surreal impuesta en la realidad. Ella no acepta el castigo y levanta el vuelo una vez más, como lo hiciera Lillith. Como ser alado, con una ala de ángel y otra de demonio, se identifica con el vuelo de la imaginación que logra transformar su situación de acoso y liberarse en el intersticio del espacio mágico con el espacio real, en el mágico feminismo. Estas escenas de pavor frente a un juicio de tal magnitud, nos hacen experimentar cuán injusto es el sistema social con las mujeres que rompen las hormas patriarcales. La intención de la voz narrativa es la de identificarnos con estas rebeldes, ver las cosas desde otro ángulo y sentirlas en carne propia, pues no entrañan maldad, sino actitudes muy aceptables en los varones.

Por otro lado, dentro de la tradición de la picaresca española, el pícaro suele ser varón y una persona de clase muy baja que tiene una madre prostituta y un padre borracho, ladrón y con antecedentes penales. Sus circunstancias lo llevan a la servidumbre, y la corrupción de sus amos lo convierte en un pícaro para poder sobrevivir. Por lo tanto, éste cuenta su vida para justificarse ante una autoridad social y ante los lectores. La crítica social está en mostrar los malos hábitos de distintos estratos sociales y cómo la persona es deformada por sus experiencias de vida. Este modelo fue usado por José Joaquín Fernández de Lizardi en la primera novela latinoamericana: *El Periquillo Sarniento* (1816) para criticar la colonia española y demostrar que el pícaro latinoamericano puede ser civilizado. Sin embargo, Allende usa el modelo para darle voz a Eva, una pícara que nos cuenta sus orígenes y lo que aprendió con cada amo hasta lograr madurar y ser "una mujer independiente" como escritora o narradora de cuentos que valora su cultura pre-colombina.[6] Aunque su nombre sea Eva, ella no carga con ninguna culpa hereditaria, pues desde el inicio dice que Eva es sinónimo de vida, además de ser hija del deseo femenino de su madre. Eva cuenta que su madre consoló a un indio enfermo y lo curó de la picadura de una serpiente. Consuelo es también un nombre alegórico para la madre, y fue el poder de su deseo sexual, "el extraordinario medicamento con que salvó al moribundo" (25) de la tribu "Luna". Ella es como una sacerdotisa de la antigua Sumeria o Babilonia. El apellido de Eva alude al poder matriarcal: la luna, que también es apellido de su padre indio o su pasado indígena. La picaresca ha sido utilizada en ese caso para darle voz al Otro marginal, reescribirse o crearse sin la culpa hereditaria de género y saberse dueño de su destino porque ni el género, ni la clase, ni la raza lo determinan. Friedman observa que "the female voices [in *Eva Luna*] could be the mirror to the psyche but the male authors do not choose this option. The interior self is not a part of the story, as in male archetypes" (Rotella 128). Sin embargo, la auto-reflexividad en la pícara Eva es vital para conocerse y crear una identidad femenina independiente.

Esta nueva pícara logra transformar la injusta realidad que le toca vivir como mujer cuando se reinventa nuevos roles y saca algo positivo de cada experiencia. Ella vive perdida en sus sueños, pero estos se mezclan con la realidad y logra alterar su entorno. Lejos de tener un pecado original, ella hereda la fortaleza del padre y la imaginación o capacidad creativa de la madre para contar cuentos, en los que mezcla personajes reales y soñados. Tanto en *Eva Luna* como en *Los cuentos de Eva Luna* se narran los dramas de mujeres en la vida real y en sus fantasías, por lo que la teatralidad y la actuación de los personajes señalan la representación de roles sociales asignados a las mujeres, tal como los arquetipos que debemos atravesar, según Escofet, para crear nuevos modelos, como el personaje Eva Luna.

Al atravesar el arquetipo de Lillith-Eva como compañera culpable de la desgracia de la pérdida del paraíso, nos damos cuenta de que éste está presente en diversas etapas de la vida de la mujer. En *Los cuentos de Eva Luna*, por ejemplo, encontramos este arquetipo en "Niña perversa", historia del despertar sexual en la adolescencia. Elena, de once años, se enamora del novio de su madre y lo convierte en el centro de su existencia. La niña "con disimulo lo seguía a todas partes, lo servía en cada detalle, adivinaba sus deseos para ofrecerle lo que necesitaba antes de que lo pidiera, pero se movía siempre como una sombra, para no revelar su existencia" (28). Estas muestras de afecto pasan desapercibidas por Juan José Bernal, quién sólo se relaciona con la madre entre sus sábanas, por lo que Elena los espía "para aprender de su madre los gestos que habían logrado arrebatarle a Bernal" (30). La niña deja de contentarse con acariciar la ropa de su amado y con servirle, pues está a punto de perder el objeto de su deseo, como diría Buñuel. Ella ha aprendido cómo funcionan las relaciones entre parejas en su propio hogar y planea introducirse en la cama de Bernal cuando está dormido. Él le corresponde creyendo que es la madre, pero cuando abre los ojos la arroja contra el piso gritando: "¡Perversa, niña perversa!" (32). Aquí notamos cómo la moral que nos educa es tan fuerte que lo lleva a llamarla perversa por considerar anormal el deseo sexual en una niña de once años. No propongo que este hombre tenga relaciones con su posible hijastra menor de edad, sino que su rechazo violento no fue lo más apropiado. El deseo sexual de la niña que debía ser guiado por el conocimiento es erradicado por completo. Elena termina en un internado de monjas que le quita esos deseos perversos y la convierten en "una mujer desabrida y tímida" (34). En este cuento se muestra claramente que la supuesta perversidad de Elena es realmente inexistente como tal; no es más que la moral sexual de la que habla Angela Carter, que es un constructo creado y perpetuado por nuestras instituciones sociales, tales como los colegios de monjas. Incluso Bernal se obsesiona con Elena cuando ésta es mayor de edad, pese a estar casado con la madre, pero al volver a tenerla enfrente se da cuenta de que fue él quien con su rechazo era el responsable de la asexualidad de la Elena adulta.

Consideremos a su vez que si el deseo femenino perdura en la juventud, éste también es deformado ya no en la escuela, sino mediante el matrimonio. El arquetipo de Lillith-Eva no puede existir en sólo una mujer, eso sería un monstruo, según el patriarcado. Esto se hace evidente en uno de los roles históricos que hace Bette Davis en el texto de Escofet. Una mujer como Ana Bolena tenía que cambiar de ser amante a ser esposa del rey Enrique VIII, no podía ser ambas. Previamente al matrimonio, Ana era la mujer deseada antes de llegar a ser reina, por lo cual confiesa su cambio de estatus: "Te conquisté como amiga. Como señora obtuve un reino. Amiga y señora. . . . La que seduce y la que obtiene. . . . ¿No es eso una mujer?" (*Tres obras* 27). Estos son los dos roles en que ella ha quedado atrapada, ya que no puede seguir seduciendo al ser reina y esto le hará perder la cabeza de forma metafórica y física. Aunque todos en la corte sabían de su reputación, el matrimonio habría de cambiarla, pero ella denuncia que fueron sus familiares los corruptos de poder y que a los hombres no se los juzga igual que a las mujeres: "¿Usted sabe que yo tenía ocho años cuando conocí al rey? . . . ¿Qué pone esa cara, o acaso no sabe que fornicaba con mi madre?. . . . Y lo más gracioso, que a pedido de mi padre. . . . Me dejé envolver. . . . Creí que el poder no tenía sexo. Y ya ve. . . . Ganó Riri" (*Tres obras* 141-42). Ana alude a la doble moral social y también a la instrumentalización de la mujer como bien de intercambio entre los hombres, su padre y el rey. Mientras ella pensaba que ser reina era como ser rey, la realidad le demuestra la gran diferencia que puede existir cuando las mujeres viven junto a los hombres porque el poder sólo pasa a través de ellas, pues sigue siendo masculino. Ana Bolena pasa a la historia como una mujer perversa acusada de "hechicería, de promiscuidad, trai-i-ción, asesinato e incesto" (*Tres obras* 140) mientras que ni su tío, ni su padre, ni su esposo –el rey–, son juzgados ni castigados.

En *Eva Luna* encontramos a otra Lillith-Eva ya de edad madura, la madrina de Eva. La mulata es llamada "desnaturalizada . . . asesina y enemiga de la ciencia" (100), pese a que se comprueba que su hijo bicéfalo había nacido muerto. Sufre al asumir la culpa que le impone la sociedad cuando se empecina "en que ese alumbramiento era un castigo divino por algún pecado abominable cuyo origen ni ella podía recordar" (101). La culpa la consume moral y físicamente por "haber sucumbido a una tentación" (99), que como veremos es el deseo sexual. Se hace alusión al pecado de la manzana alegórica del mito bíblico, y se establece una relación entre el control de la sexualidad femenina y la culpa del pecado original.

La madrina mulata rompió con las normas de forma doble. Por un lado, su niño nace con una cabeza negra y otra blanca porque la sociedad no ve con buenos ojos la unión de estas dos razas en Latinoamérica. Como esta mezcla de razas está desaprobada, se dice que es algo monstruoso, pues no se encuentra belleza en el mulato. Por eso, la voz narrativa se empeña en un inicio en reiterarnos cuán bella y arrogante era la madrina. Lo que la afea y debilita es la culpa que se le impone, la cual la conecta con el mal cuando ella enloquece y dice haber tenido el hijo del diablo. Por otro lado, según Elvira, la desgracia de la madrina viene "por dormir con dos hombres en el mismo día" (99). La condena social está presente cuando se dice que Eva lee lo ocurrido en los pasquines y todo sale en las noticias. La voz narrativa hace uso de su experiencia periodística para exponer el control social de la sexualidad femenina. La madrina opta entonces por seguir el modelo de la Virgen María y le promete "no volver a tener contacto carnal con hombre alguno y para obligarse a cumplirlo, se hizo coser la vagina" (101). De esta forma antinatural puede controlar sus deseos sexuales y luego se llena la cabeza de religión para purificarse de su supuesta culpa. Lo surreal está en el monstruo del niño de dos cabezas y dos razas, pero la experiencia femenina es muy real y monstruosa a su vez. Nos referimos al hecho de que a las mujeres se les cosa la vagina en algunos países africanos o se les prescriba el tratamiento llamado cliteroctomía para controlar la histeria o deseo sexual femenino.

Otro personaje monstruoso es La Condesa Sangrienta, como otro de los roles de Davis. Las acotaciones iniciales describen a Bette pintando de sangre las paredes como denunciando de forma artística que vivimos en una cultura sacrificial. Erzsébeth Bathory es un personaje histórico que mató a 650 muchachas vírgenes para conservarse joven y bella al bañarse con la sangre de éstas. La creencia en el poder de la sangre asociado a la vida data de épocas pre-cristianas, hasta la menstruación estaba relacionada al misterio de la vida y esto se mantiene, pues Jesús comparte su sangre y su carne en la última cena.

Considerando que La Condesa vivió en la época medieval, ella podía tener esclavas y hacer con ellas lo que quisiera, como lo hacían muchos monarcas.

Interesantemente, *Los cuentos de Eva Luna* se inician con una cita de *Las mil y una noches* que hace alusión a un rey que mataba una virgen cada noche y nunca nadie lo ajustició. Sin embargo, hubo una muchacha inteligente que supo poner fin a tantos sacrificios. Leamos este fragmento para entender el porqué de los sacrificios:

> El rey ordenó a su visir que cada noche le llevara una virgen y cuando la noche había transcurrido mandaba que la matasen. Así estuvo haciendo durante tres años y en la ciudad no había ya ninguna doncella que pudiera servir para los asaltos de este cabalgador. Pero el visir tenía una hija de gran hermosura llamada Scheherazade . . . y era muy elocuente y daba gusto oírla. (*Los cuentos* 9)

Aunque este fragmento sea parte de una ficción, notemos que el rey es descrito como "cabalgador" y no se mencionan caballos, sino jóvenes vírgenes que él manda asesinar a la mañana de acostarse con ellas. Si sacamos la cuenta, fueron 1,095 muertes, dato que nos impacta, si se dice que fueron tres años. Lo que destaca la voz narrativa es que la solución al cabalgador será el amor que surge con la palabra, la creatividad, el placer visual y auditivo que le dará Scheherazade. *Los cuentos de Eva Luna* también denuncian y parodian los sacrificios de los seres marginales, entre ellos mujeres, en la sociedad patriarcal por las convenciones del amor, las normas sociales de género, la discriminación de clases sociales, las razas, y muchos otros tipos de injusticia social.

El remedio a estos sacrificios es la recreación de nuevos espacios en la ficción que, como son también tomados de la realidad, abarcan lo surreal y lo real del mundo en que estamos inmersos. De este modo muchos sacrificios que podrían pasar desapercibidos por haber sido naturalizados, sobresalen al aparecer exagerados por la ficción, aunque al comparar la historia de La Condesa con *Las mil y una noches* notemos que se trata de situaciones similares que denuncian un problema de género.

Isabel Monzón, considera que Erzsébeth Báthory desafiaba los mandatos patriarcales y eso la vincula con Lillith y lo demoníaco. Al identificarse con una diosa inmortal, en la edad media ella pasaba a ser el Otro, encarnación del mal (49-50) y su asociación con brujas la identifican con los ritos a diosas paganas. La Virgen de Hierro, era, según Escofet, "esta diosa [que] accionaba sus brazos, abriéndolos para apretar a las víctimas elegidas cuidadosamente. De los senos de la Virgen emergían cinco puñales" (*Tres obras* 145). Este doble que actuaba por ella, era una máquina con la fuerza física que le faltaba. Sin embargo, es una muerte que queda sellada en un abrazo, por lo que la máquina representa un abrazo imposible de mujer a mujer.

Báthory vivía en un mundo de mujeres, muchas de ellas brujas y "en la edad media, la brujería y la homosexualidad eran delitos connotados sexualmente . . . mujeres de sexualidad desenfrenada, atacan las propiedades genitales del hombre copulando con los demonios, oponiéndose, así, a las leyes naturales de la creación" (Monzón 104). Esto es exactamente lo que se denuncia en personajes como la reina Ana Bolena, La Condesa, la bruja Maitagarri, la amante actriz Trinidad Guevara y la guerrera Juana ʾde Arco como roles representados por Bette Davis. Sin embargo, cada rol toma un matiz distinto de acuerdo al momento histórico, el nivel social del personaje y lugar en que toma lugar la afrenta al patriarcado.

Magda Castellví deMoor afirma que Escofet "le da pie al personaje para decir su propia historia" (194). En el caso de Ana Bolena, vimos cómo ella llega a dictar un mensaje para el rey y así reescribe la historia. La Condesa lo hace de forma oral diciendo que ella pudo elegir los únicos dos roles que existen en una cultura sacrificial:

> Entre obedecer y asesinar, entre la complicidad del crimen ajeno, elegí el crimen propio . . . sólo en la transgresión al pecado, hallé el goce . . . entre someterme a la violencia y ejercerla. . . . Creo que elegí bien. . . . Fui una asesina perfecta. . . . Sólo que no hice caso a mis maestros y no quise maquillar mis crímenes. . . . Este mundo no acepta el crimen sin afeites, por eso a la hora de morir, todos se reclaman inocentes. (*Tres obras* 160)

Erzsebeth Báthory se autodeclara culpable, pero, al igual que Ana Bolena que fue noble, reconoce bastante tarde que el poder es masculino y la marginalidad de su género hace que sea vista como un monstruo y se la juzgue por crímenes que en un hombre no son ajusticiados. Sus derechos de noble son menores que los del varón, por lo que le pregunta a Bette "¿Cómo se siente una vampira ejecutando el derecho de los nobles?" y ésta le responde "como el espejo de la propia humanidad que genera el crimen y lo condena como si fuera ajeno" (*Tres obras* 160). Esta frase señala lo mismo que el mito de Adán y Eva, pues éste crea un Otro que lleva la culpa de su acción. La aberración a la sexualidad en el cristianismo hace que ese Otro, Eva, sea la que ha de sacrificar su sexualidad por la salvación del sujeto varón como madre en el núcleo de la familia.

El juicio que se le hace a Bette Davis, y similarmente a Eva Luna, que cuenta su vida como lo hace todo pícaro ante un juez, demuestra que la sociedad culpa y opta por sacrificar la sexualidad femenina porque la justicia ve primero el género de los ajusticiados y luego "se hace la ciega" en caso de ser varones. La nobleza o clase social permite quizás que el crimen tome lugar, pero no perdona la falta si el mal es femenino. Quizás los tiempos estén cambiando y Valcárcel defienda el derecho al mal de las mujeres, mas el panóptico interno que nos han troquelado hace que muchas eco-feministas afirmen que la solución sería educar a los varones con valores femeninos.

El arquetipo de la bruja que ya aparece como cómplice de La Condesa Sangrienta vuelve con más fuerza en Maitagarri, una bruja vasca que representa Davis. Cabe preguntarse ¿Quiénes son las brujas y por qué se les teme? De acuerdo a Jules Michelet son:

> ¡Reinas magas de la Persia, encantadora Circe, sublime síbila! ¿Qué ha sido de vosotras? ¡Qué bárbara transformación! La que en el trono de Oriente enseñó las virtudes de las plantas y los viajes de las estrellas; la que en la sagrada

trípode de Delfos, iluminada por el dios de la luz daba sus oráculos al mundo de rodillas a sus pies, esa, mil años después, será expulsada como una bestia brava, perseguida por calles y campos, deshonrada, maldecida, apedreada, arrojada a las voraces llamas de la hoguera. (4)

Tenemos entonces que la astrología, que da origen a la astronomía y luego a la medicina natural, está relacionada con las sacerdotisas de la antigüedad. Sin embargo, al surgir la medicina en las universidades de varones, se da fin a la competencia que representaban las mujeres sabias. No obstante, ellas siguen siendo las que más conocen el cuerpo femenino y sus placeres, por lo que siguen trabajando de parteras y ayudando en los abortos. Estas mujeres quedan al margen de la educación y sobreviven como sirvientas de la nobleza, como Erza Majorova en el palacio de La Condesa Sangrienta.

La bruja es un personaje que no nos dará su versión histórica de forma lingüística por ser de clase baja y pertenecer a la época medieval. Como se cuestiona Gayatri Spivak, "Can the Subaltern Speak?" (24) y nos pone el ejemplo de una viuda que hace un sati, la mujer de este estrato logra comunicarse con sus acciones ya que no tiene el dominio de las palabras. Joseba Gabilondo nos habla de la existencia de una cultura performativa "in which the subaltern does speak. . . . We must analyse beyond the purely literary" (93). Por consiguiente, se nos dice que Maitagarri es una hechicera curadora de los bosques salvaje y sensual muy cercana al mundo animal, pues aparece montada en la cabeza de un chancho (*Tres obras* 132). Ella no se expresa de forma lingüística, sino por sus actividades. Cuando el inquisidor le pregunta de dónde viene, ella dice que de hilar, cantar, rezar, poner cirios a la Santa Virgen de los prados, bailar, emborracharse y lo invita a bailar. Ella quiere establecer una comunicación física que él no comprende y se siente amenazado. El coro es muy importante en este acto porque es la forma lírica que tenemos de oír lo que la bruja quiere decir si es que estamos leyendo el texto.

Maitagarri se desdobla, pero se dice que las brujas son muchas, con lo cual podemos imaginarnos toda una compleja coreografía de baile femenino o ceremonia ritual de las diosas anteriores al patriarcado que terminan demonizadas al asociarlas a la brujería. Las acotaciones dicen que se oye un zapateo y las dos hacen un cuadro gitano, mientras el coro las rodea. Están en un círculo, símbolo femenino desde la antigüedad por su asociación con el vientre y la fertilidad, de donde surge el baile del vientre ritual, el oráculo de las síbilas y las representaciones teatrales. Entonces, estas brujas o mujeres fuertes que se enfrentan al inquisidor toman una muñeca marioneta y le dicen a éste que ellas no son hijas del diablo, sino la marioneta. Ésta viste un vestido de noble, pero, no obstante, tiene apariencia de prostituta. Maitagarri afirma: "Esta es la verdadera hija del diablo. . . . Ella es tu verdadera amante la que te espera, asomada a las ventanas del castillo, la que aplaude tus farsas y dirige tus torturas. . . . Huele a semen de pajes ¡Qué concurrido es el sexo de mi noble ama!" (*Tres obras* 136). Aquí se denuncian los matrimonios arreglados de la nobleza como una forma de prostitución aceptable, ya que en el metateatro de esta escena se representa la realidad que nadie confiesa, pero que las brujas conocen por ayudar a las amas con abortos y arreglos amorosos, como sucede en

La Celestina, la tragicomedia del siglo áureo. La muñeca es inmediatamente decapitada y las brujas son atravesadas por la espada del inquisidor, recordándonos a Ana Bolena, la reina que fue decapitada por ejercer el poder masculino y la asociación del deseo masculino que se inventa a las brujas como ninfómanas volando o soñando sobre el palo de una escoba. Castellví deMoor, nota que ambas reaparecen al final, señalando "la indomable realidad del poder que ellas representan" (122-23).

En *Los cuentos de Eva Luna*, las curanderas también presentan una sexualidad libre, pero lejos de ser repudiadas, son amadas y admiradas por otros seres marginales. Algunas, incluso, son reconocidas como santas. En el caso de Clarisa se nos dice que "tenía manos de curandera y quiénes no podían pagar un médico o estaban desilusionados de la ciencia tradicional esperaban turno para que ella les aliviara los dolores o los consolara de la mala suerte" (36). La existencia de estas curanderas en Latinoamérica es muy común en las clases bajas y son muestra del hibridismo cultural entre el paganismo indígena y el cristianismo español. Sabemos que Clarisa

> alcanzó fama de santa y después de su muerte muchos tienen su fotografía en un altar doméstico, junto a otras imágenes venerables, para pedirle ayuda en las dificultades menores, a pesar de su prestigio de milagrera no está reconocida por el Vaticano y con seguridad nunca lo estará. . . . Sus prodigios son humildes e improbables, pero tan necesarios como las aparatosas maravillas de los santos de catedral. (35)

Estas líneas muestran cómo las jerarquías sociales se reflejan en diversos espacios y Clarisa es considerada una santa menor después de muerta. Su rol es de intermediaria en la jerarquía del cielo por el tipo de milagros que hace y por estar casada, ya que sólo las mujeres vírgenes o asexuadas pueden llegar a ser santas. La bondad va unida a la santidad como la sexualidad a la maldad. Al ser devota y curandera, ella debe conciliar dos ideologías opuestas. Por un lado, Clarisa es muy religiosa, está casada, tiene dos niños retardados y ayuda al prójimo con sus dolores; todo indica que es una mujer muy buena. Por otro lado, sus conocimientos medicinales son paganos y el amante con el que tiene otros dos hijos son aspectos que la convierten en una mujer mala, según el cristianismo. El contraste es surreal, pero a la vez puede ser real si recordamos la historia de Malinche casada con don Jaramillo siendo la amante de Hernán Cortés. Según Bernal Díaz del Castillo, doña Marina dijo "que Dios le había hecho mucha merced en quitarla de adorar ídolos ahora y ser cristiana, y tener un hijo de su amo y señor Cortés, y ser casada con un caballero como era su marido Juan Jaramillo" (103). La reconciliación de ideas contrarias parece ser un mecanismo de sobrevivencia a leyes que van contra los instintos y sentimientos humanos.

La mujer necesita reconciliar los dos arquetipos patriarcales en los que la quieren encasillar como buena o como mala y atravesarlos en el sentido de mantenerse alerta al posible abuso que se haga de su persona. Este mecanismo conciliador puede ser útil si se es consciente de lo que está pasando y se usa apropiadamente, pero puede ser un velo total a situaciones de injusticia social.

George Orwell da diversos ejemplos de este tipo de mecanismo conciliador de la siguiente manera:

> Doublethink. . . . To know and not to know, to be conscious of complete truthfulness while telling carefully constructed lies, to hold simultaneously two opinions which cancelled out, knowing them to be contradictory and believing in both of them, to use logic against logic, to repudiate morality while laying claim to it, to believe that democracy was impossible and that the Party was the guardian of democracy, to forget whatever it was necessary to forget, then to draw it back into memory again at the moment when it was needed, and then promptly to forget it again, and above all, to apply the same process to the process itself that was the ultimately subtlety: consciously to induce unconsciousness, and then, once again, to become unconscious of the act of hypnosis you had just performed. Even to understand the word 'doublethink' involved the use of doublethink. (35)

En una cultura de dicotomías, es muy fácil no darse cuenta de estos mecanismos y caer en el estado subconsciente de que las cosas están bien y todo está muy claro, sobretodo cuando la ideología del momento es reforzada por diversos medios para hacer invisible la injusticia social. Sin embargo, como señala Jane Flax, las escritoras feministas están muy conscientes de presentar personajes que subvierten la moralidad aceptable (138). De aquí que Cassandra Díaz concluya afirmando que Clarisa es "a character willing to resign herself to the expectations of culture, religion, but only to the point where she believes justice is being served. Clarisa's ideological tendencies yield progress because of this flexibility" (76). La ambigüedad puede ser entonces un espacio de subversión si se es consciente de sus mecanismos subconscientes, y a la vez uno de opresión si creemos que sólo el discurso que se presenta muestra toda la realidad.

Otra bruja que encontramos en Allende es aquella que hace uso de las palabras y de este modo no se queda del lado de lo semiótico y preformativo propio de los espacios marginales. Belisa Crepusculario usa la magia de las palabras para crear su propia identidad al escoger su nombre y para sobrevivir al vender palabras aliviadoras para los demás. Es un personaje que surge de la auto-reflexión de Allende, la escritora feminista que cree en la magia de las palabras para crear un mundo más justo. Belisa es un cuento muy similar a la novela *Eva Luna* en este sentido, por lo que podríamos considerar que Eva, al estar asociada al pecado en el mito bíblico, es la bruja que recupera el poder perdido durante la cristianización del mundo. Ser pícara es en ella ser una mujer emprendedora e inteligente para salir del destino injusto que le esperaba como mujer, pobre y latinoamericana. Muchos de sus personajes femeninos son así.

A diferencia de Pascual Duarte, el personaje de la neo-picaresca española que empieza su discurso diciendo "Yo, señor, no soy malo, aunque no me faltarían motivos para serlo" (25), Eva no necesita decirlo porque lo demuestra a través de sus interrelaciones con los demás personajes. La voz narrativa no la define como lo Otro, la bruja, la mala, sino que es la protagonista que da su punto de vista marginal como sirvienta, al mismo tiempo que crea una telenovela. Sí, sirvienta, porque esa es la posición que tiene la mujer dentro de su hogar y en las esferas públicas para poder ir ascendiendo a la posición que intenta llegar. Aunque padece muchas cosas y motivos no le faltan para ser mala, ella es consciente de las estructuras dobles o "doublethink" de sus amos y aprende de cada uno las habilidades que usará luego para convertirse en escritora. Una bruja contemporánea ya no está relegada a la oscuridad del bosque como en la época medieval, su magia ha seguido mejorando y su habilidad con los hilos la llevan a tejerse una nueva vida. La magia de la palabra posibilita su movilidad social, cosa que hubiese sido imposible durante la Edad Media y el Renacimiento, cuando las mujeres sabias fueron quemadas como brujas y no se las educaba.

La creación del hilado es femenina, según Derrida, y la compara con un gusano que se cubre por un tiempo hasta salir convertido en una mariposa que vuela con los hilos de la imaginación. A diferencia de Freud, quien afirma que la mujer teje para cubrir la falta del pene, propio de la naturaleza del vello púbico que le cubre los genitales por completo. Su sexualidad está cubierta, pues "Freud's reference to braiding or weaving closely follows the statement according to which 'there is only one libido,' but in the service of both sexual functions, so that we can assign it no sex. . . . Freud insists, there is no sense and no justification in talking about a feminine libido" (58-60).

¿Es entonces la sexualidad femenina sólo complementaria a una única libido, la masculina? ¿Qué pasa con los casos de mujeres que, según Freud, no maduran y se niegan a aceptar la heterosexualidad o se atreven a subvertirla o invertirla? Personajes así son obviamente marginales. Sin embargo, podemos considerar que se trata de una sexualidad múltiple y ambigua que ha existido siempre en personajes históricos tachados de brujas y prostitutas, como veremos a continuación.

Otro de los roles de Bette Davis es el de la actriz Trinidad Guevara, a quien se la tenía por prostituta. Es recordada por haber tenido amantes famosos y haber criado sus siete hijos de diversos hombres con mucho orgullo. Su heterosexualidad es subversiva porque no se ciñe al modelo de la familia nuclear. Betanzos, el inquisidor, dice que llevaba el retrato de su amante "colgado del cuello exhibiendo su impudicia ante los ojos de la recatada Santa María de los Buenos Aires de 1820" (*Tres obras* 153-54). Ella se queja porque no la dejan "vivir en libertad de amar. . . . ¡Qué gesto de elocuencia imperdonable!" (*Tres obras* 158). Y aunque ella piensa que debió nacer en otra época, ni el siglo XXI la hubiesen comprendido.

El tema de la prostitución está presente en *Los cuentos de Eva Luna* en "María la boba" y en "Boca de sapo", donde se subvierten los estereotipos de las prostitutas como víctimas del deseo masculino. En el primer cuento, María es la mujer deseosa que espanta a su amante luego de que éste mismo le enseña a disfrutar de su sexualidad, pues leemos lo siguiente:

> el griego carecía de intuición para adivinar que había abierto una compuerta, que él mismo no era sino el instrumento de una revelación, y fue incapaz de valorar el regalo ofrecido por esa mujer. Tenía a su lado a una criatura preservada en el limbo de una inocencia invulnerable, decidida a explorar sus

propios sentidos con la juguetona disposición de un cachorro, pero él no supo seguirla. (123-24)

El amante la deja porque la imagina como "una perversa araña dispuesta a devorarlo" (124); ella no comprende por qué desaparece y decide seguir disfrutando de su sexualidad con otros hombres hasta hacerse anciana, buscando siempre la ilusión. La exageración de suicidarse porque ya le estaban saliendo escamas, nos la pinta como un ser mítico e irreal, sin embargo, el deseo sexual femenino no decae con los años. Más adelante veremos cuán antiguo es el miedo a esta sexualidad exuberante.

Hermelinda es una prostituta en la que encontramos una conexión entre la creatividad y la sexualidad. Ella inventa muchos juegos eróticos para su disfrute y el de sus clientes, logrando hacer una fortuna para no depender de nadie. Cuando se enamora de alguien entonces deja el negocio y se va de viaje. Patricia Hart encuentra en este cuento la desmitificación del síndrome de La Cenicienta, "the perfect fit that in *Cinderella* is coyly expressed as shoe size here is rendered literally" (107), cuando los hombres tratan de insertar una moneda en su vagina a larga distancia. "In the fairy-tale, the prince offers a palace, riches, and station; Cinderella, her virtue and her beauty. Here the equation is noted in vigorous shorthand –the woman offers sex and the man money" (107). De este modo observamos que Hermelinda no espera el rescate heterónomo del varón, como lo llama Escofet, sino que no lo necesita ni económica ni psicológicamente. Es ella la que comparte sus ahorros cuando elige a alguien, pues la voz narrativa dice que "es posible que fue ella quien lo escogió entre los demás para agasajarlo con el regalo de su compañía" (52). Lo cierto es que los juegos que se inventa Hermelinda los dirige todos ella y cambia o no las reglas a su gusto. Ésta parece ser una forma de invertir el rol de quien elige y quien está en control de su sexualidad.

Otro sentimiento por atravesar es la homofobia. En *¿Qué pasó con Bette Davis?*, la falta de solidaridad que tienen con otras mujeres denota la homofobia creada por su entorno, que hace ver a otras mujeres como competencia, el miedo a que las puedan reemplazar como objetos de deseo masculino. Sin embargo, el público disfruta mucho de las peleas entre mujeres porque ve en otros, que son figuras públicas, lo que quisiera experimentar. "¿Notaste cómo se complacen con nuestras públicas rivalidades?. . . . Davis vs. Crawford", y añade, "Me revientan tus asedios a lo Safo" (*Tres obras* 155). Desde que se crean en el siglo XX los términos de lesbianismo, travestismo, transexual, metro-sexual y demás, la sociedad crea grupos marginales y coexisten estas nuevas sexualidades.

Algo muy distinto ocurría en los siglos anteriores. Juana de Arco, por ejemplo, fue quemada en la hoguera por vestirse de soldado y tener contacto directo con el poder divino, cosa negada a las mujeres. Su travestismo, fue interpretado como brujería y las voces de sus ángeles, como contactos con el diablo. El mensajero de Betanzos le manda decir que se ponga un vestido para que no la quemen "con el mariquita del ayudante del fraile y su gato" (*Tres obras* 128). Sin embargo, ella se niega. En sus rezos, le reclama a Dios el que no la haya hecho sumisa diciendo: "Ésta que ves, no sirve para copular en los establos, ni para soportar el aliento del amo que después de retozarse, se dormiría abrazado a sus ovejas. . . . Debiste haberme hecho oveja, mi señor, si querías verme así de acompañada" (*Tres obras* 126). El paralelo que hace con la mujer casada es con una oveja y ella elige otro tipo de erotismo, el místico.

Santa Teresa es un ejemplo de misticismo subversivo, pues Betanzos recuerda que fue una licenciosa que hubo que canonizar para que pasara desapercibida. Dejando en claro que su falla fue su sexualidad activa, pese a ser monja: "Fue Santa, pero no virgen, ni mucho menos. Tapé sus pecados. . . . Cuando un rebelde, deja muchos seguidores, lo mejor es canonizarlo y maquillar los aspectos polémicos" (*Tres obras* 123). Quizás su hábito no permitió que la llamasen bruja. Georg Feuerstein encuentra que el misticismo medieval recupera al amor *eros* como modo de supervivencia. Encontrando que "forbidden to express their sexual desires and thus burdened by extreme sexual guilt and shame, our medieval forebears became masters at self-denial, self-blame, and self-punishment. They flagellated themselves literally and emotionally, making a virtual cult out of this practice" (113). Una forma de culpar a Otros de sus deseos carnales, sus eyaculaciones nocturnas, sus sueños eróticos fue con la creación de "incubi and succubi, those male and female dream demons specializing in surreptitious sexual intercourse with sleeping humans" (114). Es de esperarse entonces que Betanzos le diga a Bette Davis que su madre fue un súcubo, hija de Lillith y la asocie con Babilonia, famosa por la torre de Babel, sinónimo de caos y confusión en contra del orden simbólico del idioma. Esta región pagana pretendió llegar al cielo con dicha torre y Dios castigó su osadía al impedirles la comunicación. La palabra que sirve para insultar y denigrar a Davis sirve en este texto para parodiar dichas ofensas y para que ella las apropie y cuente su versión de los hechos en diversos roles de dramas femeninos.

Por otro lado, en Allende también encontramos un personaje que, como la Juana de Arco de Escofet, combina el travestismo y el misticismo. Nos referimos a Melesio o Mimí en *Eva Luna*. Para Wolfgang, Melesio "experiences his body as clothing through which he tries to transform himself into a woman" (160). Esto nos recuerda al gusano tejedor de la metáfora derrideana, según la cual se realiza una transformación física del gusano en mariposa, insecto que es símbolo de la comunidad gay. Sin embargo, Derrida también afirma que tal transformación está vedada en Deuteronomio (22:5) "the woman will not wear the dress of a man, nor the man that of a woman, for whoever does so is an abomination" (Cixous 45) y explica que esto tiene su origen en el uso de los velos para la mujer y del talit para el hombre, según Corintios (11:3). Este último no se cubre con el velo porque "he is the image and the glory of Elohim; / Woman is the glory of man. / For man was not drawn from woman, / but woman has come from man. / Man was not created for woman, / but woman for man. / so the woman must have on her head a power [an insignium of power, a sign of authority]" (76). Quizás este velo provenga de la hibridación de una religión matriarcal anterior a la cristiana en la que la Diosa Isis se cubría con un velo como símbolo de lo sagrado con lo terrenal y, según Leonor Calvera, se le tenía temor y veneración al poder erótico de la mujer y su desenfrenada capacidad amatoria (42). Salomón ejemplifica este miedo diciendo: "Las mujeres se sienten ávidas de hijos: chupan el vigor de sus maridos, como el vampiro . . . el sepulcro y la mujer son igualmente insaciables" (42). De esta forma se asocia a la mujer con la maldad y la muerte y es necesario que la diosa sea "reducida a la madre cautiva del matrimonio monogámico" (43).

Tenemos así que la ropa ha significado siempre una forma de buscar el control del cuerpo y éste afecta la identidad y comportamiento de quien lo lleva. Melesio lo sabe muy bien y por eso cambia totalmente cuando se pone sus tacones y se viste como mujer. Butler, reconoce que el género es performativo y el travestismo es "perpetual displacement [that] constitutes a fluidity of identities" (*Gender* 175) Esta subversión no sólo se encuentra en Juana de Arco, en el texto de Escofet, sino en todos los personajes, pues Phyllis Zatlin, quien estudia el aspecto metateatral de los textos de Escofet, afirma que "the complex metatheatrical structure layers roles within roles, thus demonstrating the character's function while emphasizing the performativity of gender" (19). Melesio es un personaje de muchos roles, y al igual que Clarisa, la curandera, él-ella puede ser muy religioso y travesti al mismo tiempo mediante el mecanismo de pensamiento doble. Su existencia andrógina representa, para Wolfgang, a "mythical fusion of gender, feared and desired at the same time" (162). El andrógino es una realidad, pero también una ficción en el imaginario cultural de la humanidad.

Ella es el arquetipo que ha existido en el imaginario masculino desde la antigüedad clásica en el mito de Platón, luego en Jung y su unión del *anima* y *animus*, y en mitos medievales, como el de Melusina[7] que retoma Breton en *Nadja* y en *Arcana 17*. Ella encarna la salvación del hombre a través de una mujer especial, loca como Nadja, o monstruosa en su belleza, como Melusina, mujer alada con cola de serpiente que representa un *axis mundi*, la unión de lo espiritual/surreal a lo terreno/real. Esta búsqueda surrealista de unir los opuestos deriva de la alquimia y el ocultismo. Según Nadia Choucha, el segundo manifiesto de Breton señala: "the insufficient and absurd distinction between the beautiful and ugly, the true and false, good and evil . . . inspired by the basic theme of *The Songs of Maldoror* by Isidore Ducasse, Comte de Lautrémont, which was probably the most influential novel upon the entire surrealist movement" (63). Desde tiempos remotos y en las culturas precolombinas consideradas "primitivas", la espiritualidad expresada en los bailes rituales, los mitos, las religiones organizadas, la filosofía, la psicología y el surrealismo han tratado de explicar esta falsa dicotomía en nuestra existencia. Hoy el feminismo encuentra que las relaciones de género reflejan las estructuras de poder a favor de los varones desde que se enfatizó la ruptura con la madre o con la diosa para formar una sociedad patriarcal. Por lo tanto, su representación suele ser la de un ser anómalo o raro, como la Virgen María en el cristianismo. Según Durozoi, hay una mezcla de dioses antiguos en Melusina, Isis y Osiris (283). La mujer mediadora con la divinidad no puede un ser común para los surrealistas, sino un ser admirado y respetado por su rareza, un misterio como Mimí que atrae y repele. Melesio, ser de contrastes como Melusina, "no sólo llevaba una mujer por dentro, también había una actriz. Se reveló en él un talento histriónico y musical" (116). Sus cualidades la hacen famosa y puede ayudar económicamente a Eva en su carrera de escritora. Si Melesio se hubiese preguntado como Bette, "¿He sido más mujer o más actriz?" (159), la respuesta hubiese sido que ambas. La mujer con tantos roles arquetípicos es una buena actriz, pero ¿está consciente de que son sólo roles o los sufre como dramas personales?

Los mecanismos de represión de la sexualidad femenina están presentes en distintos momentos de la vida de una mujer y esto ha sido así a través de la historia, como hemos visto en los textos de Escofet y de Allende. Sin embargo, también observamos que las mujeres siempre se han rebelado y aunque han sido castigadas, los casos de mujeres supuestamente perversas abundan. Los textos de escritoras feministas como Angela Carter, Cristina Escofet y Allende parecen indagar a fondo en la conexión de la sexualidad y el mal a través de imágenes subconscientes o surrealistas que colindan con el feminismo mágico de Patricia Hart. Las infieles, las asesinas, las místicas, las brujas, las prostitutas y los travestis son personajes que han sido asociados con el mal injustamente, y demonizados como lo fue Lillith al defender su deseo sexual. Lamentablemente, no han sido los únicos, según veremos en el siguiente capítulo.

Capítulo 3: Del exotismo surrealista al diálogo surreal-postmoderno

3.1 El Otro como perverso, primitivo y degenerado

Luego de reconocer la asociación de la sexualidad de la mujer latinoamericana con el mal o lo perverso –a la luz del discurso patriarcal– debe indagarse acerca de otros aspectos de su otredad. La identidad de la mujer con la otredad se remonta al siglo XVIII. Escofet nos recuerda que "en 1789 lo expresó también Olympe de Gouges, la primera mujer que habla de los derechos de la mujer y que muere por esta causa. De modo que hay una larga trayectoria que avala la definición de Simone de Beauvoir. . . . La construcción luego de la deconstrución de parámetros binarios es lo que es ser mujer" (cit. en Clark "Entrevista" s/n). De Beauvoir, la primera mujer filósofa que se pregunta qué conforma una mujer, la define como el segundo sexo, resaltando la existencia de una jerarquía en la cual la mujer es vista como el Otro. Ser el Otro implica ser el objeto cognoscible del sujeto que lo define, tal como sucedió con los pueblos colonizados, a los cuales se les atribuyeron características femeninas por parte de los colonizadores al representarlos como débiles, peligrosos o primitivos cultural y espiritualmente para justificar su dominación.

Cuando de Beauvoir escribe *El segundo sexo*, Francia se cuestiona la dominación de Argelia, y Avellaneda ya había escrito su novela *Sab*, en la cual denunciaba que la esclavitud de la mujer era peor que la de los esclavos negros en la Cuba decimonónica; por lo tanto, las teorías postcoloniales de la otredad son muy útiles al feminismo. En ellas se reconoce que el Otro es un ser estereotipado de manera subalterna porque existen relaciones de poder entre

Oriente y Occidente (Said 3). Podría decirse lo mismo de las relaciones heterosexuales y de individuos de distintas clases, razas, edades, etc. No cabe duda de que nos relacionamos de forma jerárquica y de que nuestro sentido de la democracia es sumamente relativo. Bhabha afirma que el Otro orientalizado o fijo en una identidad maniquea deja de atemorizar al sujeto colonizador al hacerse predecible. Sin embargo, el Otro puede convertirse en un reflejo del sujeto y, puesto que su identidad se hace ambigua y cambiante, es una amenaza para la identidad del sujeto (Bhabha 63). Esto sucede con la mujer profesional que se masculiniza en muchos aspectos como en su manera de llevar la autoridad, de vestirse y de hablar, o con el travesti que en su exageración llega a ser más femenino que una mujer. Es decir, el exceso crea un espacio subversivo, tal como sucede con la exageración del realismo mágico de Allende o el doble, o álter ego, de los personajes de Escofet. En este capítulo vemos cómo los personajes subalternos usan el disfraz y el rito para crearse una identidad como sujeto activo, dejando atrás el estereotipo de la dependencia. En *Mugres de la María y el negro*, de Escofet, María y el negro pasan de ser esclavos a sirvientes y luego a bailarines –primero de candomblé y luego de tango en París– mientras que en *La ciudad de las bestias*, de Allende, la abuela Kate se disfraza de exploradora para contarnos una historia silenciada por una versión oficial y su nieto se transforma, primero en un puma y luego en un indio, para crearse una identidad mestiza de hispano en Estados Unidos.

Cuando no existe un diálogo entre el sujeto y el Otro, se crea un estereotipo que perpetúa la amenaza que presenta su diferencia. Esta diferencia adquiere connotaciones negativas, ya que no es considerada una falla o anormalidad. La Otredad, para Escofet, es la "calidad de ser excluido en el universo de los iguales" ("Nosotros" s/n), lo cual implica que nuestra sociedad es una especie de caníbal que en su afán de homogeneizar cancela la existencia del Otro por temor a su diferencia. Es una suerte de narcisismo que teme que todo aquello que se diferencia de sí lo ponga en peligro de desaparición. De este modo se justifica la colonización y la domesticación del Otro, ya que se entiende que el Otro está en estado primitivo y si se sale de las normas dictadas por la sociedad, cae en la degeneración.

Para que todos compartamos una historia, es necesario que el Otro pierda la memoria histórica que lo define como ente distinto. Esta idea fue impuesta a los pueblos indígenas americanos y negros por parte de los colonizadores, quienes los consideraron primitivos y degenerados; el patriarcado hizo lo propio con las mujeres. De acuerdo a Valcárcel, "las mujeres padecemos, con independencia de cada situación individual, la falta de cualquier memoria colectiva" (157). Los poco conocidos descubrimientos de sociedades matriarcales existentes antes de la civilización indoeuropea, realizados por la historiadora Marija Gimbutas, prueban la poca importancia que se le ha dado al olvidado pasado de civilizaciones gobernadas por mujeres de forma distinta a las patriarcales. Escofet y Allende, al igual que otras escritoras, tratan de reconstruir la memoria histórica a través de la literatura y de técnicas surrealistas de visualización, cuestionando la conquista española, que instituyó un discurso patriarcal y racial en la historia. Ambas parodian el discurso oficial de la historia y se ubican del lado de los personajes marginales.

Carlos Castilla del Pino encuentra, en términos marxistas, un paralelo entre la otredad de la mujer con la alienación de la clase trabajadora, y añade que "el hombre alienado acaba cosificado . . . la mujer se convierte en pura cosa para el hombre, el cual la utiliza, bajo formas más o menos brutales, pero siempre de uso, como objeto para su servicio, cualquiera sea la forma que ese servicio adopte" (16). Esto se hace evidente en la mirada que define a la mujer como objeto del deseo masculino. Recordemos que en psicología, Lacan considera que la alienación causa la represión y lo reprimido se presenta como deseo (80). En consecuencia, el Otro es deseado y temido al mismo tiempo, como sucede con el estereotipo de la mujer mala analizado en el segundo capítulo.

Debido a la identificación del Otro como extraño, perverso, primitivo y degenerado, éste se vuelve también un objeto exótico, raro y misterioso. Por ejemplo, cuando a finales del siglo XIX surge el interés por lo africano y se hacen viajes a Oriente y otras zonas del Este, surge paralelamente el interés por conocer los misterios de ese otro ser cotidiano que había permanecido como objeto exótico: la mujer. A principios del siglo XX se buscó una vuelta a los orígenes de nuestra existencia para replantearnos nuestra civilización, a la luz de las teorías de James George Frazer sobre la evolución de la magia, la religión y la ciencia; las de Freud sobre el subconsciente, y las de Carl Jung sobre arquetipos universales en el subconsciente colectivo. A esto también contribuyó la Primera Guerra Mundial, que señalaba el fracaso y la destrucción de todos los logros y sistemas de organización social occidental. En un terreno fértil para las utopías románticas, surge el surrealismo, el cual invierte el sistema de valores occidental y encuentra en la magia de los pueblos colonizados la materia prima con la que desea crear un mundo más justo. Por primera vez, el arte marginal, como el africano y el indígena americano, es considerado bello e interesante, hasta el punto que los surrealistas realizan numerosas exposiciones, y crean colecciones enteras sobre estos temas. La valoración surrealista del arte africano y el amerindio, así como el de sus mitos, su espiritualidad y sus formas de expresión hace que los latinoamericanos se vean a sí mismos de otra manera, se valoren más y se apropien de las técnicas surrealistas. Es así como surgen los conceptos de lo real maravilloso en Carpentier y del realismo mágico en Gabriel García Márquez.

Asimismo, la mujer, que tradicionalmente representaba la vuelta al origen de todo (por su maternidad) y una metáfora de la búsqueda de la identidad, como sucede en *Los pasos perdidos* de Carpentier, cobra importancia. De esta manera se convierte en la metáfora bretoniana de la mujer automática. Para Breton, la mujer es la puerta a través de la cual éste se conoce a sí mismo, pues sus escritos de autoconocimiento se basan en sus relaciones amorosas con diversas mujeres. Surge así un interés por la sexualidad femenina, definida como misteriosa por Freud, aunque ella sea como un objeto interesante y aterrador que puede también mirarlo a los ojos y elevarse al nivel de sujeto. Según Caballero, "el varón surrealista vio en la mujer un 'objeto' de múltiples posibilidades. La imagen femenina es sexualizada, irradia una gran carga erótica, el cuerpo femenino adquiere un gran protagonismo en detrimento de la mente y la racionalidad, propias del ser humano" (70). Entonces, las mujeres surrealistas empiezan a verse a sí mismas a través de la mirada del Otro, tan fuertemente grabada en su subconsciente, y al representarse a sí mismas, toman conciencia de ser el Otro. La mujer no es considerada un sujeto, sino un fragmento de un todo, tal como lo muestran los mitos bíblicos oficiales del génesis, las pinturas surrealistas y el *leitmotif* del espejo roto en las culturas colonizadas, como veremos en *Mugres de la María y el negro*.

Un buen ejemplo del exotismo surrealista lo tenemos en *Nadja*, de Breton, el gurú del surrealismo. Su nombre era Léona Camille Ghislaine D. , Nadja es abreviatura de Nadia y deriva de *Nadejda*, que es esperanza. Breton parte de un hecho real para escribir este texto que le sirve para conocerse a sí mismo a través de su relación con esta muchacha que conoce por azar. Su creencia en la sincronía, que él llama "azar objetivo", hace que se enamore de ella por el misterio del encuentro. Ella apareció en su camino, o él en el de ella, pero nos dice que él la ve, la encuentra o descubre, como si ella fuera un objeto perdido. Él empieza a definirla al tratar de descifrarla como si fuese un signo dentro de ese texto. Por lo tanto, ella es una imagen, la musa que lo hace escribir. Caballero afirma que "los varones surrealistas consideran a la mujer como una fuente de inspiración, un complemento a la creatividad masculina y un objeto erótico. . . . La capacidad creativa se entiende y se expresa como una energía esencialmente masculina" (73-74). No es nada sorprendente entonces que Breton sea el ser pensante y Nadja la loca que lo lleva al proceso de creación, sin que Bretón comprenda siquiera el suicidio de ésta. El dibujo de Nadja como signo de interrogación nos recuerda aquella frase lapidaria de Freud: "¿Qué quiere una mujer?", ya que la considera algo externo y distinto de él.

Notemos que en la civilización occidental se ha valorado más los procesos racionales que las necesidades físicas, emocionales y las habilidades intuitivas, por lo que Caballero destaca la cosificación de la mujer como objeto usando el paradigma oficial. Sin embargo, las artistas surrealistas plantearon desde el inicio la revalorización del cuerpo y el uso de la intuición como formas de adquirir conocimiento y crear un nuevo paradigma. De ahí que la escritura surrealista de Bombal no sea considerada como feminista por Linda Gould Levine, pero recientemente se ha encontrado que su innovador discurso es ejemplo de lo que Cixous denomina escritura femenina, por partir de las percepciones corporales, oníricas y el deseo femenino. La expresión de este deseo aparece por primera vez en "La niebla", de Bombal, y de forma muy similar en *Afrodita*, de Allende, como se ve en el capítulo cuatro.

Cuando se trata del diálogo surreal postmoderno de la escritura femenina, podemos decir que del exotismo del Otro pasamos al diálogo con éste. Por ejemplo, el personaje Nadia de Allende que se analiza en este capítulo es totalmente opuesto al personaje Nadja de Breton, pues es un sujeto que se afirma en una identidad cambiante de acuerdo a su gusto pese a ser un ente marginal, tanto por su género, su raza y su edad. No acepta ser definida por la visión europea y patriarcal de su amigo Álex. Los puntos de vista europeo, indígena y mestizo mantienen un diálogo permanente en *La ciudad de las bestias*.

Asimismo, en su monólogo *Las que aman hasta morir*, Escofet dialoga con el público o los lectores y nos alerta de que debemos cuidarnos de aquel encuentro fortuito donde el Otro, en el caso del amado, se convierte en objeto encontrado para ser definido. Más que un aviso es una súplica y un consejo, pues nos dice:

> Al fin te encontré, qué frase, ¿no? Chicas, si la tienen en la punta de la lengua, escúpanla. . . . Por favor, escupan todas el famoso mantra: al fin te encontré. . . . Y si alguien se los dice, huyan, o escóndanse detrás de lo primero que tengan a mano. . . . Al fin te encontré. . . . Por favor, reflexionen . . . ¿acaso se trata de dar con el paradero de alguien? (*Tres obras* 39)

Tal parece que las estructuras del encuentro con el Otro en el caso de la colonización encuentran su paralelo en las relaciones románticas heterosexuales donde la mujer es el Otro, como lo es todo ser marginal. De ahí que las teorías postcoloniales, marxistas de alienación y las teorías feministas, encuentren puntos de afinidad cuando se trata de analizar las conexiones entre género, raza y clase que presentan los textos de este capítulo. Las Cómplices, un grupo de feministas chilenas y mejicanas que se asocia en 1993, reconoce que en Latinoamérica hay muchos feminismos, es decir, que el feminismo tiene "distintas vertientes provenientes de los cortes o conflictos con que se construye el sistema cultural patriarcal: mujeres pobres, campesinas, profesionales, indias, blancas, negras, heterosexuales, lesbianas, bisexuales, viejas, jóvenes, maduras, adscritas a proyectos políticos socialistas, neoliberales, vinculadas a ideologías [etc.]" (Gargallo 208). Por lo tanto, a continuación se expone cómo Escofet y Allende, ambas feministas de clase media que tienen acceso a la palabra escrita, manifiestan su interés por mujeres de diversos estratos sociales. Ellas logran crear un dialogismo con el Otro, respetando su diferencia y parodiando la antropología clásica que considera al Otro como un objeto y no un sujeto con sentimientos. Escofet entabla este diálogo con los esclavos negros del siglo XIX y Allende lo hace con unas bestias amazónicas a través de una niña indígena y un niño latino de Estados Unidos.

3.2   Cuando los Otros hablan en *Mugres de la María y el negro*, de Escofet

La palabra "mugre" del título de este neo-sainete nos traslada de pronto a un espacio relegado, pues hace referencia a la suciedad, a lo indeseable, al repudio, a lo abyecto, a algo que ha de limpiarse o borrarse. Eso es precisamente lo que les ocurrió a los esclavos traídos a la Argentina en el siglo XIX, ya que fueron catalogados como "negros de mierda" (Solomianski 256). Se trataba de un caso de pensamiento doble, como diría George Orwell, pues Solomianski señala la siguiente expresión argentina: "los argentinos no somos racistas, somos derechos y humanos, pero que no nos vengan a invadir los bolitas y los paraguas" (256). Esta dinámica, propia de la colonización europea, es la que adoptan los criollos darwinistas como Alberdi y Sarmiento para exterminar a los esclavos negros y mestizos gauchos, y traer europeos blancos. Sin embargo, veremos a continuación que la negritud argentina está presente en la Argentina actual, y que su voz no es verbal sino rítmica. Esa voz se deja escuchar en el vocabulario onomatopéyico de la música argentina y es perceptible en el sincretismo religioso y los bailes de esta pieza teatral. Estos rasgos forman parte de una identidad fragmentada que necesita recobrar la memoria de un trauma de origen nacional ligado a un proceso de blanqueamiento durante la creación de la identidad argentina.

En cuanto al sincretismo religioso, Escofet escoge una de las religiones africanas para iniciar el primer acto: el candomblé. Se nos dice en las acotaciones que la María y el negro aparecen vestidos con elementos del candomblé y tienen muñecos con elementos de murga y carnaval (7). Es decir, que este neo-sainete, pieza jocosa de carácter popular sin el pesimismo del grotesco criollo de Armando Dicépolo, nos lleva al espacio trasgresor del carnaval. Bajtín, quien estudió las fuentes medievales y renacentistas de la literatura cómica popular en la obra de Rabelais, señala la existencia de una cultura carnavalesca que se burla de las jerarquías sociales y muestra un mundo paralelo al oficial que está entre el arte dramático y la vida. Según Robert Stam, Bajtín

> recasts the unconscious/conscious distinction as one not between two orders of psychic reality, but rather between two modalities of verbal consciousness. Official consciousness refers to that which social and ideological structures allow one to express openly, while unofficial consciousness expresses that which deviates from socially accepted norms, that which is taboo, beyond the pale, a kind of mental carnival whose favorite linguistic mode is the inner speech. (4)

Esta forma de expresión se puede encontrar en el carnaval, donde todo es válido y donde las palabras no alcanzan a decir lo necesario, por lo tanto, el baile y la música se convierten en medios para logarlo del mismo modo en que se comunicaban con sus dioses las civilizaciones africanas e indígenas. Bajtín identifica el carnaval con la institución social en la que se permite la comunicación con los demás de forma democrática, a través de distintos géneros que desbordan lo retórico y lo literario. Por lo tanto, los sujetos subalternos que no han recibido mayor educación académica pueden expresarse y sentirse parte de la historia de la humanidad sin tener que hacer uso de la escritura. La representación teatral se inicia con un canto a dúo de la María y el negro mediante la forma muy particular de éstos hablar en español, y añadiendo términos africanos para marcar los pasos y las vueltas que deben realizar, lo cual nos indica cuán conscientes son de la importancia del baile como medio de creación del sentimiento de comunidad y la comunicación o trasmisión de la historia:

> Oye yé yumbá
> La historia Calún gan güé. . . .
> Oyeyé yumbá. . . .
> La historia que viene y fue. . . .

Oye yumbabé
Calunga gan oyeyé. . . .
Oye yé yumbá
La historia Calún gan güé. . . . (7)

Estas vueltas en el baile ritual de candomblé unidas a las frases en español y jitantáforas que imitan los sonidos de las lenguas africanas forman un discurso dialógico con los dioses y con la audiencia que lee, oye y visualiza lo que sucede, aún sin ver la representación. El ritmo que se crea con la repetición y la rima consonante de los versos tiene efectos calmantes por ser predecible, al tiempo que los instrumentos de percusión marcan los distintos ritmos del cuerpo humano "respiration, heartbeat, speech, gait, etc" (Altshuler 269); por eso, la música restaura la armonía del funcionamiento del cuerpo y se le atribuye poderes curativos. De ahí que Joseph J. Moreno considere el candomblé como un ritual terapéutico, por unir el psicodrama con la etnomusicología. Este neo-sainete trata de subsanar el trauma de las políticas de blanqueamiento, mediante la dramatización del asesinato de María, y hace uso de la música, el baile y la recuperación del discurso del Otro para posibilitar un diálogo con el pasado y los dioses travestidos de cristiandad que aparecen en el texto. Para Moreno:

> All religions can be seen as a form of therapy. Religions provide belief systems that assist their adherents in coping with life problems, and in providing forms of group support. . . . Various Catholic saints were seen as doubles of the Yoruba orixas, the African spirit deities, initially to disguise their beliefs from the disapproving masters. (219)

El travestismo de los dioses permitió la práctica del candomblé y la representación de su historia en el drama bailado, pues la cuentan los "cuerpos de orilla y de carnaval. . . . Porque sintieron y sentirán. . . . Desde cadenas. . . . Desde el candomblé" (8). Desde este espacio lleno de dolor se cuenta la historia marginal, por eso Moreno considera la religión una terapia. Más que producir una catarsis aristotélica en el observador, tenemos que el candomblé requiere la participación en la creación de música y baile. Mientras La María toca la vitrola, el negro toca el tambor, y el baile intercala las representaciones dramáticas. Sería interesante saber si en la puesta en escena, el público también participa de forma dialógica, pues en las iglesias cristianas africanas existe un diálogo constante entre el pastor y el público respecto a opiniones, y a través de cantos y bailes. Aunque Bajtín encuentre que la novela abarca todos los géneros sin perder su identidad, el teatro también lo hace, pero empleando otros lenguajes más usados por los sujetos subalternos durante el carnaval.

En este neo-sainete, hay humor negro y se satiriza la historia de la esclavitud y sus abusos. Cuando la María recuerda que fue violada a los nueve años, invoca a gritos a sus dioses africanos, como Maa Ngala, Kali y Yemayá, mientras que el negro "cantando candomblé" (17) induce a María a tomar una distancia brechtiana y a ser consciente de su pasado histórico y superarlo. Ella invita al negro a hacer lo mismo diciéndole: "Vení, asómate a mi ventana y mirá. . . . Mujeres acurrucadas como fetos en las bodegas de los barcos, esperando el turno para que la carimba les selle la frente" (17-18). Si este extrañamiento surge luego de la invocación de los dioses y del canto del candomblé, es la combinación del drama, la música y el baile lo que le permite verse a sí misma por esa ventana como mujer marcada por la carimba. La marca africana está entonces en todos los fetos que nacieron después de la llegada de estos barcos, pero no por la carimba, sino por el candomblé y su ritmo. La historia silenciada del subalterno, afirma Iris J. Stewart, la cuenta el cuerpo, pues "dance is history. . . . A view of history through the window of dance tells us things about humanity not found in records of conquered countries, generals, and wars. Dance becomes our road map to the history of women's spirituality" (5), en este caso la de la esclava María y su negro que la negrea como su amo. Acto seguido, las voces de ambos "se mezclan y vuelve el clima festivo" (17). Este vaivén forma el ritmo estructural interno de cada acto, que tiene la alternancia de euforia y calma, y ninguno de ellos queda concluido porque son fragmentos de memorias surreales: realistas y simbólicas.

Cabe resaltar el uso de la yuxtaposición de fragmentos en cada acto porque se trata de dar una visión doble de la historia. Una pública, como es el caso de los varones esclavos que eran enviados a las guerras como carne de cañón, y otra privada, como el embarazo de las esclavas. Este rasgo surrealista y postmoderno no sólo está en el *collage*, sino también en la narración onírica que se hace de la violación. Observemos a continuación que el negro cuenta en una línea su sufrimiento en la guerra, mientras que la María añade otra sobre su concubinato con el amo y la muerte de su amado diablo:

EL NEGRO. Los negros servíamos para las guerras. . . . Yo relucía bajo el uniforme. . . . Tocaba el tambor. . . . A tocá tangó.
LA MARÍA. Pero en mi vientre crecía el hijo del amo. . . .
LA MARÍA. Lo molieron a palos, a mi diablo, por andarse con las damas de la iglesia. (15)

Aquí se denuncia cómo la sexualidad de los esclavos variaba de acuerdo al género. Era mayor afrenta el que una mujer blanca estuviese con un negro que el que una negra estuviese con un blanco. La María conservó la vida, pero no así su amado diablo, el negro. La esclava tiene que adoptar una doble vida, una doble piel, tal como nos cuenta cuando se desdobla en una lagartija y puede separarse de su cuerpo y ser un fantasma. Esta imagen la protege del daño que sufre, pues en esta narración en caja china se crea una doble distancia de lo ocurrido y se dan detalles escabrosos, ya que no se trata de un animal, sino del fantasma de una lagartija. Oímos así sus alaridos onomatopéyicos de dolor:

Y ello' juijuijuijuijuiiiiii. . . . Y aí la ensartan. A la fantasma, digo. Que se pone rojita. A veces negra. A veces se agua. Y la llenan de alarido y le abren la' pierna. Y le pegan, y la culean, y la montan. Y la fantasma aí. Chorreada. Una con la tierra. Hecha un charco. Y así. Y yo en la grieta. Y la fantasma en el griterío. También le tocan y le tocan. Y dispué. Otra vez juijuijuijuijuiiiiii. . . .
(19)

Luego de esta escena tan fuerte de violación colectiva, se inicia el baile nuevamente con el rito del candomblé y "la actriz deja la tela como quien se desprende de un pedazo de cuerpo" (20) y continúa con otro fragmento. Ella deja esa piel como un reptil para seguir viviendo después del rito que la hace renacer y así tener un cambio de piel o cambio de vida. En este rito se hace un llamado a dioses mapuches, a "Ñanco", el águila sagrada, y a "Ñancupán" (20), el Águila león, pues Escofet trata de incluir en la historia a los descendientes de los indios araucanos que ocuparon la pampa antes de la llegada de los africanos. Sus historias sobreviven en el sincretismo musical en la "música de cultrunes mezclada con tantanes" (20). La metamorfosis de una persona en un animal es para Catherine Clément una muestra de rebeldía contra las reglas de la civilización a la que pertenece como ser humano y un rasgo imborrable del paganismo u otra forma de civilización. La repetición del trauma es una cura; "it's a real festival: an exceptional act against the masters, a bloody saturnalia. [In the case of the hysteric and the sorceress] the attack is mimed on their own body, implicating the other in the celebration, obliging him to endure the attack's indefinite repetition" (Cixous and Clément 18). Esta pieza teatral establece un diálogo con los lectores o espectadores de forma lingüística y a la vez semiótica en un espacio mítico o ritual.

La historia está contada de forma polifónica muchas veces, porque hay desdobles de personajes o porque la María y el negro cantan juntos. De esta manera se nos hace sentir que es el clamor de todo un pueblo de esclavos y no sólo un caso aislado. Además, nos dicen que su historia no está en palabras, sino que "el baile contó siempre lo que la historia enterró y que a nadie se le olvide: nunca un negro se blanqueó" (17). Si los negros y mestizos están muertos, ¿quién nos puede contar su historia? Sin duda hay que buscarla en la evolución del candomblé.

Tomás Olivera Chirimini afirma que "candomblé, the milonga and its slower versión the milongón, and the tango, the most characteristic current musics and dances of the Río de la Plata, are related musical genres characterized by a rhythmic structural core reflective of their common African origins" (270). Esto explica por qué el negro y la María cantan y bailan "en un ritmo entre la milonga, el tango y el candomblé" (20). La hibridez se manifiesta en los bailes y los cambios de disfraz. La María y el negro ya no visten trajes de candomblé, sino que son personajes del tango y el sainete. Además, sus voces ya no pasan del español a los vocablos africanos, sino que utilizan un nuevo *creole* que incluso mezcla lenguajes europeos por la influencia de Francia e Inglaterra en Argentina en el siglo XIX.

Si antes lo grotesco estaba en la violencia, ahora está en la parodia de la civilización europea. El negro describe de forma humorística a los argentinos que viven a lo europeo en Latinoamérica de la siguiente manera:

> La gente decente dice: "randevú", "orvuá", "mesié" y "ye ne sé pa". . . . La gente como la gente viste y peina a l'uropea. . . . Y no come guiso, ni charque ni empanada. . . . Y ni mondongo y ni costilla asada y ni que ni baila el desenfreno. . . . La gente bien, sabe bien de donde viene. . . . Ni hablar delante

de ello. . . . Que de tan bien, te corrigen sin decir ni mú. . . . Con el rabito del ojo, te señalan dónde te comiste el punto. (22)

Queda claro que hablar francés indicaba la pertenencia a una sociedad civilizada y, por lo tanto, la moda francesa se impone como el disfraz del civilizado. Sin embargo, éste es subversivo por exagerar los atributos y crear hibridez con lo étnico. Tal como sucedía en la expresión barroca, entre el mundo amerindio y el europeo se crean contrastes surrealistas y espacios donde los espíritus precolombinos pueden sobrevivir travestidos de cristianismo. Así han sobrevivido las historias marginales. Por ejemplo, el famoso asado argentino es un fragmento de la historia marginal trasmitido por las cocineras negras del siglo XIX, pues era un plato de negros. Cuando el negro llama a los blancos gente bien, se sobreentiende que los negros son gente del mal, que es la categoría de los marginados, como vimos en el capítulo dos. Los negros no conocen sus orígenes porque los traficantes de esclavos formaban una mezcla de tribus diversas en sus barcos para evitar que se comunicaran, mas el toque de los tambores les sirvió como idioma rítmico en la distancia, idioma kinésico con sus cuerpos e idioma espiritual con sus dioses, quienes comparten su poder con ellos cuando los poseen o montan. El dominio de la lengua está en manos de la gente bien y son ellos los que escriben la historia oficial, por lo que la María y el negro usan su *creole* y palabras groseras para expresar lo inexpresable: el mundo de abusos, prostitución, alcoholismo y escándalo. Bajtín señala que dentro de lo grotesco está la hibridez de lo humano y lo animal, más cercano al nivel material y la unión a la tierra a través del humor negro (Childers y Hentzi 128), y se podría añadir que también de los sentidos y las emociones.

Una característica del humor negro es que no sólo nos hace reír, sino experimentar un sentimiento distinto al de la felicidad, que puede ser de repulsión, dolor, rabia, etc. Sentimientos que el subalterno puede experimentar en una vida de opresión, que se hace más llevadera si se comprenden las estructuras sociales que las crean y se elabora un mundo paralelo en el que ellos sí son valorados. La existencia de estos dos mundos es evidente en las representaciones del argentino del *status quo* hechas por el subalterno. Las descripciones de los argentinos europeizados son parodiadas con las exageraciones de los trajes y movimientos del compadrito y la grela del tango. Al igual que los pachucos de México, que exageraban las modas americanas y bailaban el mambo. En el cuadro cuatro la María y el negro, luego de burlarse con palabras de las modas europeas, se visten de tangueros y bailan candomblé, luego milonga, y cuando bailan un tango logran llegar a París bailando.

Una vez en Europa, el negro le hace promesas a la María: "Meta ti tangou. . . . Chupate ese gur morning. . . . Yo quiero llevarte a la Inlaterra. . . . Vestirte de reina" (26), pero ella quiebra el baile y le dice: "Volvamo' a l'Argentina. . . . Toda Uropa emigra pa' llá. . . . Volvamo' negro". Él acepta y vuelven a bailar candomblé, pues canta como al inicio: "Oyeyé Yumbá. . . . Calún Gan güé. . . . Que los negro semo el tango y el Tango no es de Parí" (27). De esta manera, se enfatiza el rechazo de lo europeo y se deja en claro que el tango es de origen africano y no europeo. Los inmigrantes europeos tuvieron la suerte de encontrar el candomblé argentino, que les ayudó a superar el desarraigo y la difícil vida que los empujaba a los cabarets y prostíbulos. El tango es producto de la cultura africana y llega a Europa en la última década del siglo XIX, pero no se comercializa hasta la década de 1940 porque no había discográficas en Argentina. Luego el cine francés y estadounidense lo comercializaron. Carlos Gardel, quien fue un inmigrante francés, es el símbolo del tango y, quizás, filmes como *El último tango en París* crean en nuestro imaginario la conexión entre Francia y el tango. A esto se añade que intelectuales respetables como Jorge Luis Borges y Julio Mafud afirmen que el tango no es africano, sino originario de los inmigrantes que llegaron a Argentina. A tal efecto, Castro sostiene: "motivated by cultural bias and nationalism [however] the net effect is to discount the contribution of blacks to the evolution of the tango" (88).

La falta de reconocimiento cultural en los esclavos fue subsanada por el candomblé cuando ellos alcanzaban el poder que les daban sus dioses en los trances, y es el mismo candomblé lo que dio origen al tango y a la presencia africana en la identidad Argentina de hoy. Un suceso que demuestra cómo el negro lucha por su existencia es cuando roba un espejo a su ama, lo rompe y entierra sus pedazos en un ritual mientras baila y canta pidiendo que los negros no mueran:

> Yemayá, Yemayá
> El negro puso un espejo
> En la raíz del laurel
> Para que el hijo negro nazca,
> Para que el negro no muera
> Ochumaré, Eggún, Obbatalá. (28)

El espejo fragmentado simboliza una identidad destruida, no es un espejo en el que puede mirarse como su ama. El negro usa el espejo para que sus hijos sí puedan tener una identidad y es la madre tierra quien los puede proteger, pues no confía en su amita y necesita de un medio alternativo. Aunque es esclavo, su fe en el candomblé lo convierte en una persona con poder que se puede enfrentar a su ama y con el poder de los objetos mágicos, en este caso el espejo, y su comunicación directa con los dioses puede vencer a la muerte. La representación que hace del entierro del espejo roto es como la fecundación en el útero materno y al cantar luego "sangre mestiza, sangre de negro" (28) nos da a entender que es su ama quien está preñada y es posible que sus hijos no lleguen a nacer. Esto es más evidente cuando establece un paralelo entre la tierra que lo ama y le pregunta a su ama si ella también lo ama: "Se enfurece amita. . . . Porque la tierra lo quiere al negro. Y ¿el amita?. . . . ¿Va a vende a los hijitos de este negro? ¿O los va a reventa como caballo en arado?" (29). El negro sabe cuál es su lugar dentro del estrato social y que, pese a ser hombre, es su ama quien tiene la voz de mando por ser blanca y de clase acomodada al tener esclavos. Éste es otro cuadro sin solución, sin embargo muestra que aunque los hijos de los esclavos no hayan sobrevivido físicamente, lo han hecho en el tango.

En un salto temporal a 1914, nos encontramos en el ambiente prostibulario del tango. El negro vestido de compadrito enamora a la María, que es una grela balairina y le hace creer que se casará con ella si tienen relaciones sexuales. Acto seguido tenemos el desengaño en la siguiente escena:

> LA MARÍA. (Se le entrega): Negro. . . . Mi negro. . . . .
> EL NEGRO. (Se deshace de ella): Rajá yegua. . . .
> LA MARÍA. (Dolida): Me dijiste casorio. . . . ¡Negro!
> EL NEGRO. Ya te dije que no me digas negro. . . . Rajá pa' la pieza. . . .
> LA MARÍA. (Se aleja)
> EL NEGRO. Venga pa cá. . . . (Inicia la reconquista). (32)

Al comienzo del siglo XX la Argentina es blanca y el discurso oficial es que no hay negros. Ellos bailan "un tango sensual y prostibulario" (33) y en este contexto grotesco empiezan los ataques de la María al negro por negar su negritud y los desprecios del negro a la María por ser negra. María no representa la posibilidad de ningún ascenso social para el negro, ella es un objeto de uso sexual por su clase, su raza y su género. El negro trata de reconquistarla porque quiere que le sirva la comida y le haga los trabajos domésticos, pero le dice claramente que él ha de salir con "la Ivette, la pelirroja, la morochita y la zaina, la jermu del comisario y la Rubia Quintanilla" (35). La lista incluye a una morocha, pero no a otra negra porque el negro es racista, y lo primero que le dijo a María al rechazarla es que no le diga que es negro. Según Patricia Hill Collins, "many black women want loving sexual relationships with black men, but instead end up alone. . . . In a nutshell, black men pick non-black women over them, and for many, it hurts" (60-61). El vituperio que empieza entre ellos denota la ideología patriarcal de una estructura social aprendida, pues el negro se burla del pelo y los labios negros de la María y ella no deja de recordarle que es negro.

La identidad del argentino se ha formado con la negación de lo negro y la estilización del candomblé en el tango con nuevos disfraces, que hacen al negro verse blanco. El espejo que le haría ver su identidad está fragmentado y enterrado, pero María consigue que el negro recuerde su origen con el tango del carnaval, y ese amor prohibido por la sociedad argentina se convierte en odio y provoca en ambos la violencia. No es un deseo innato de muerte como diría Freud en *Eros* y *Tanatos*, sino un dolor frente a la frustración de no poder amarse, como vemos a continuación:

> EL NEGRO. Y yo a usté la ensarto
> LA MARÍA. Y yo le rompo un botellazo.
> EL NEGRO. Y yo le parto lo labio. . . .
> LA MARÍA. Y yo a usté lo denuncio, por sotreta, por cafiolo, por negro y proxeneta. . . .
> EL NEGRO. Y yo a usté. . . . No sé que le dije. . . . y la maté. (35-36)

La agresión verbal y psicológica se vuelve física, y esto quizás legalmente sea considerado un crimen de pasión. Sin embargo, se trata de un crimen sociológico, pues son las normas sociales las que crean estos conflictos en las relaciones sexuales y raciales en este caso. Para el negro, la María debía servirle sexualmente y de sirvienta porque era negra y era su amante, y dentro del amor romántico patriarcal se reflejan las mismas estructuras de opresión social. Según Bell Hooks,

> Love in patriarchal culture was linked to notions of possession, to paradigms of domination and submission wherein it was assumed one person would give love and another person receive it. . . . Women being the gender in touch with caring emotions would give men love, and in return men, being in touch with power and aggression, would provide and protect. (101)

Este concepto del amor es desmantelado cuando vemos que la María es también agresiva porque tiene derecho al mal como cualquier ser humano, como diría Valcárcel (134-137). La sumisión requerida no existe y la María exige también su derecho a ser amada como mujer negra y ser la dueña de su propio cuerpo, por lo que no cede ante la reconquista. El pensamiento patriarcal del negro colonizado no le permite ser pasivo con la María como con su amita, él sabe que "to exist in the passive case is to die in the passive case –that is, to be killed" (Carter *The Sadeian* 77). Sólo después de matarla toma una distancia temporal de sus actos, y al verse en el recuerdo no comprende bien lo que pasó y se suicida para entrar con ella en el mismo ropero.

El ropero se convierte en un altar y sus puertas abiertas nos recuerdan las representaciones del retablo de la Sagrada Familia. Sin embargo, ésta es una familia frustrada porque el control de su sexualidad ha llegado a exterminarlos. La marginación de la sexualidad de la María es múltiple: de género, raza y clase. No sólo debe ser "a hole . . . an inert space, like a mouth waiting to be filled" (Carter *The Sadeian* 4), sino que por ser una esclava negra está destinada a que no se le reconozcan sus sentimientos, y a ser usada y abandonada después. Joseph J. Moreno señala que cuando se dan sesiones grupales de casos de posesión de espíritus en el candomblé, por lo general, se trata de mujeres jóvenes embarazadas y abandonadas que reciben de esta forma una terapia psicológica (227). Algo similar ocurre en este neo-sainete, pues el negro toma una vela, se hace la señal de la cruz y entra en el ropero. Luego, se oye un juego de percusión y las señales de vueltas del baile "tres veces", como respuesta de los dioses orishas al padre, al hijo y al espíritu en un sincretismo religioso.

El candomblé es un ritual mediante el cual los individuos se identifican con los dioses africanos y, en este desdoble, logran ver su situación problemática y resolverla. En *La isla bajo el mar* (2009), una novela histórica de Allende sobre Haití y la República Dominicana, la esclava Zarité se identifica con la diosa africana Erzuli y, bailando durante un trance al ritmo de los tambores sagrados, aprende de forma sensorial lo que es la libertad en su propio cuerpo al perderse "en la música, como en un sueño: Baila, baila Zarité, porque esclavo que baila es libre . . . mientras baila" (11). Es una ventana surrealista o un espacio mágico liberador donde el ser humano se expresa de forma artística sobre su problemática. Joseph J. Moreno considera que estos rituales son como una psicoterapia teatral donde: "the initiates are empowered in many ways when they are possessed, and this provides an interesting comparison with psychodrama" (225). Escofet logra entonces con su teatro unir los problemas de género, clase y raza en Latinoamérica para subsanar ese pasado doloroso cuando resucita a la pareja negra como símbolo de lo bárbaro y abyecto de la colonización. La María y el negro bailan y cantan esta vez "siempre en crescendo" (37), para inflamar de emoción y orgullo los pechos de la audiencia. Notemos que se alude a los sentidos cuando se usan los imperativos "despierten", "vean", "sientan", el carnaval por las calles (37-40). Es decir, la historia marginal de los subalternos está viva en la cultura popular que llega a travestirse de alta cultura, pues está en el ritmo candomblé del tango.

La estructura ha sido cíclica, y por lo tanto mítica, pues se vuelve al título de la pieza: *Mugres de la María y el negro* cuando se vuelve a hablar de la mugre, pero esta vez se canta que la mugre está en las acciones violentas y no en el color:

> Hay mugre europea ardiendo en los calderos
>
> . . .
>
> Despintados, invisibles
> Mujeres que son puro cuerpo
> Hombres que jamás mataron
> Porque ya nacieron muertos
>
> . . .
>
> La María Bastonera
> El Negro Rey de la escoria
> Que están felices cantando
> Lo que vieron, lo que nombran. . . .
> No diga que no me ha visto
> No diga que no me siente. (37-39)

Esta pieza teatral es de cierta forma como una dramatización terapéutica para superar el trauma del genocidio que tuvo lugar en el siglo XIX con la población africana y mapuche y su descendencia. Los sentimientos de culpa quizás estén en ese caldero de mugre europea que encontramos en los versos arriba citados. Como en un proceso de alquimia, el calor los transformará en humo y el pasado que se quiso olvidar estará siempre en el aire transformado en canción y ritmo. El humor negro ha servido para parodiar los discursos de poder dentro del contexto del carnaval donde se bailaba el candomblé, y así la María y el negro, reyes del carnaval, han podido tener voz y "nombrar" con sus cantos y bailes su dolor para entrar en diálogo con el presente. La historia de sus vidas se cuenta de forma dialógica entre ellos y el público, que entra en el carnaval y participa, con ayuda del ritmo y de la visualización, en esta recuperación de la historia marginal argentina.

3.3 Parodia postmoderna del género sexual y del discurso primitivista en *La ciudad de las bestias* de Allende

La ciudad de las bestias es una parodia del primitivismo cultural de las novelas de viajes genésicos,[1] donde un hombre busca regresar al pasado, al origen de la humanidad, y a su esencia primigenia en el útero materno, huyendo del mundo moderno que lo deshumaniza y le quita su identidad natural. Isabel Allende nos invita a realizar un viaje de reflexión crítica sobre este tipo de viajes. En la novela, un joven americano púber tiene que separarse de su madre y viajar con su abuela por el río Amazonas en busca de una Bestia que ha sobrevivido escondida por miles de años. Como periodista, la abuela debe escribir un artículo para la revista *International Geographic* y parte con unos indios occidentalizados como ayudantes, un antropólogo francés, dos fotógrafos ingleses, y tres venezolanos: una doctora mulata, un guía mestizo y su hija. En esta aventura, el protagonismo del joven, Alex, es compartido por la hija del guía, Nadia, quien tenía ya contacto con un chamán de una tribu desconocida que esconde unas Bestias. Nadia es un ser andrógino, y esta característica de la niña señala el problema genérico que guiará este estudio, pues no todos los personajes se definen claramente como masculinos o femeninos.

Consecuentemente, nos preguntamos: ¿De qué manera se relacionan el género y el discurso primitivista? Este trabajo será como un viaje sin fin para indagar sobre posibles respuestas a esta pregunta, y analizará la función del uso de la parodia en la ambigüedad sexual de los personajes. Usando un enfoque feminista postcolonial, partiré de la teoría sobre la parodia de Linda Hutcheon para luego revisar los estudios de Butler sobre el problema del género.

Se ha dicho que la parodia va en contra de la originalidad mistificada por el romanticismo. Sin embargo, la postmodernidad ha empezado a cuestionar la pretendida objetividad en la auto-representación, y a reconocer la existencia de la intertextualidad en todo discurso. Por lo tanto, la mejor forma de lograr un distanciamiento estratégico para producir la auto-reflexividad en nuestra expresión es el uso de la parodia postmoderna. Para Hutcheon, "Parody, then, in its ironic 'trans-contextualization' and inversion, is repetition with difference. A critical distance is implied between the backgrounded text being parodied and the new incorporating work, a distance usually signaled by irony." (32) Además, aclara que su definición de parodia como imitación con distanciamiento crítico "prevents any endorsement of ameliorative implication of the formalists' theory, while it obviously allows agreement with the general idea of parody as the inscription of continuity and change" (36). Esta definición se ajusta mucho a la obra de Allende, como veremos más adelante.

Aunque en *La ciudad de las bestias* se repiten muchos rasgos de las novelas fundacionales de las naciones latinoamericanas, conocidas como novelas de la selva y de la tierra,[2] no existe un énfasis en la imposibilidad del retorno a la edad dorada del vientre materno o la época primitiva en la aventura de Alex, sino que éste logra aprender algo positivo de tal experiencia y desea incorporarse a su mundo presente.[3] En *Los pasos perdidos* de Alejo Carpentier, por el contrario, el protagonista es un hombre adulto que realiza el rito de volver a una etapa primitiva, tanto de forma corporal, al tener relaciones sexuales con una mestiza a quien identifica con la naturaleza, como espacio-temporal, cuando entra en contacto con indígenas intocados por la civilización y penetra en el interior de la selva, que es descrito como el útero de la madre naturaleza. Este regreso simboliza el trauma del nacimiento y de la muerte del hombre, pero al no causar ninguna madurez en el personaje, éste queda como un niño huérfano y desubicado en el mundo, que busca una madre-esposa para repetir su trauma psicológico. Los personajes femeninos nunca llegan a reemplazar a la madre perdida e idealizada. Las tres mujeres de *Los pasos* son abandonadas porque el concepto de mujer del protagonista está ligado sólo al de la madre como un Otro al que no puede reconectarse, no como una persona igual a él. La existencia de este mito freudiano que relaciona a la mujer con lo primitivo es validada por Octavio Paz de la siguiente manera:

> En nuestro mundo el amor es una experiencia casi inaccesible. Todo se opone a él: moral, clases, leyes, razas y los mismos enamorados. La mujer siempre ha sido para el hombre "lo otro", su contrario y complemento. Si una parte de nuestro ser anhela fundirse con ella, otra, no menos imperiosamente, la aparta y excluye. La mujer es un objeto, alternativamente precioso o nocivo, mas siempre diferente. (213-14)

Esta creación del Otro como exótico por el discurso primitivista en textos representativos de la modernidad, como ocurre en las novelas fundacionales y en el ensayo de Paz, es lo que Allende parodia en *La ciudad de las bestias*. Tanto la mujer como los indios son despojados de su concepción primitivista como noble salvaje o caníbal aterrador. Según Tracy G. Mc Cabe, "the primitive is typically represented as incarnating difference: if the primitive phenomenon is considered inferior, it is uncivilized, undeveloped: if superior, it is untainted by civilization. Definitions of what is primitive are thus radically contextual [and] constructed in opposition to civilization" (2-3). Notemos que este concepto de lo primitivo tampoco escapa de un discurso hegemónico, pues la civilización a la que se alude es la occidental. Por lo tanto, nuestro enfoque postcolonial aún lucha con el propio lenguaje en que tiene que expresarse, y está tamizado, en este caso, por una visión feminista.

Asimismo, Allende, como mujer y escritora en un mundo neo-colonizado, parece integrar el problema del género sexual al de la neo-colonización occidental. Esto le sirve para desacralizar la conquista patriarcal de América en el siglo XVI, recreada en las novelas modernistas fundacionales. Santos Torres-Rosado, por ejemplo, considera que el personaje de Rosario en *Los Pasos Perdidos* es

> la mujer tierra, fuera del tiempo y del espacio; anacronismo en la vida del protagonista-narrador, se convierte en abstracción simbólica de Santa Rosa de Lima –América Latina– y de la Gran Madre. . . . Un discurso que tiene como eje un yo masculino. Desde esta centralización masculina, la mujer oscila entre las concepciones tradicionales de mujer como amante o esposa (109).

Frente a este discurso primitivista, Allende introduce al personaje de Nadia, la niña mestiza que encuentra Alex en la selva, quien de forma inocente repite lo que oye de los adultos. La seriedad con que pronuncia la siguiente afirmación sobre la esencia de las mujeres no deja de dibujar una sonrisa en quien la lee: "nosotras recibimos nuestra fuerza de la tierra. Nosotras *somos* la naturaleza. . . . Me lo enseñó Walimai" (86).[4] La exageración de sus palabras crea el distanciamiento crítico al que se refiere Hutcheon para lograr la reflexión en el lector a través de la ironía de este discurso. Además, el discurso patriarcal del tutor de Nadia presenta cierta ambivalencia que pone en evidencia que la identidad de Nadia es discursiva:

NADIA. Dice Walimai que yo no pertenezco a ninguna parte, que no soy ni india ni extranjera, ni mujer ni espíritu.
ALEX. ¿Qué eres entonces? –preguntó Jaguar.
NADIA. Yo soy, no más –replicó ella. (87)

La conclusión a la que llega Nadia indica que su identidad es definida poco a poco por otros dentro de categorías que le dan un lugar en la sociedad. A sus doce años, sabe que es humana y que ser naturaleza, india, extranjera, mujer o espíritu son formas en que los adultos tratan de dibujarla. La parodia del género de Nadia es, en realidad, la parodia de la idea de que existe una esencia de ser mujer de forma natural o un modelo original a imitar. En palabras de Butler:

Gender parody reveals that the original identity after which gender fashions itself is an imitation without an origin. This perpetual displacement constitutes a fluidity of identities that suggests an openness to resignification and recontextualization; parodic proliferation deprives hegemonic culture and its critics of the claim to naturalized or essentialist gender identities. (*Gender* 175-76)

Esta fluidez de identidades está presente en casi todos los personajes, quienes de acuerdo al contexto en que se encuentran oscilan entre papeles asociados a las categorías tradicionales de masculino y femenino. El contraste se acentúa cuando la vestimenta está en desacuerdo con su supuesto género. Por ejemplo, Alex, vestido siempre de niño, actúa de forma emocional e ingenua cuando va a visitar a su abuela de sesenta y cuatro años en la gran ciudad de Nueva York. Como en el cuento de *Caperucita Roja*, se encuentra con alguien peligroso, una muchacha despierta que hace que la invite a comer y le roba la billetera. Esta versión moderna del lobo feroz logra invertir el mito de la mujer como ser ingenuo, pusilánime y circunscrito al espacio doméstico, que teme enfrentarse al acoso sexual. La abuela Kate tampoco necesita la protección de un varón, sino que es ella quien lleva a Alex en un viaje de aventuras y descubrimientos sobre su persona a través del encuentro con gentes de otras culturas.

Esta estrategia de inscribir la reescritura de los cuentos de hadas clásicos dentro de las novelas es un rasgo de la escritura feminista que ya encontramos en el siglo XIX. Sin embargo, según Susan Sellers, la ficción contemporánea feminista del siglo XX va más lejos en su capacidad de trasgresión:

It rejects the notion of an Eternal Truth and avoids its polar nightmare of chaos of individual view points. While the demolition of the old certainties has resulted in a corresponding refusal in fiction of the conventions of plot, chronology and consisting narration and characterization, the reference to known models replicates the pleasures and securities these undeniably provided, thereby offering a basis from which the reader may be inspired to a greater degree of transgression and change. (133-34)

Esto puede apreciarse claramente en *La ciudad de las bestias*, en donde no existe ningún juicio por parte de la voz narrativa ni de ningún personaje sobre modelos de género. Cada personaje es distinto y variable, pero siempre reconocido y aceptado por tratarse de elementos conocidos de textos canónicos de viajes y cuentos de hadas. Por otra parte, el ambiente es seguro por tratarse de un viaje espacio-temporal donde todo puede suceder sin complejos de conciencia al estar en otro mundo: "el tercer mundo americano". En consecuencia, parece probable que la femineidad asociada a la mujer y la masculinidad asociada al hombre son sólo construcciones sociales y podemos aventurarnos a jugar con la idea de que hay más de dos alternativas de género.

Esta deconstrucción del género del eterno femenino es bastante efectiva en la abuela Kate, que ha escogido ser muy masculina en cuanto a su carácter y su apariencia, mas en determinados momentos suele ser cariñosa y maternal. Además de beber vodka y fumar tabaco negro en pipa de marinero, llevar pantalones bolsudos y un chaleco sin mangas de muchos bolsillos, "era flaca y musculosa, pura fibra y piel curtida por la intemperie; sus ojos azules, que habían visto mucho mundo, eran agudos como puñales. El cabello gris, que ella misma se cortaba a tijeretazos sin mirarse al espejo, se paraba en todas direcciones. . . . Se jactaba de sus dientes, grandes y fuertes, capaces de partir nueces y destapar botellas" (37). Este travestismo es para Butler una parodia de la existencia de una identidad genérica original o primaria y una clave para su desmitificación:

> The performance of drag plays upon the distinction between the anatomy of the performer and the gender that is being performed. But we are actually in the presence of three contingent dimensions of significant corporeality: anatomical sex, gender identity, and gender performance [which] are falsely naturalized as a unity through the regulatory fiction of heterosexual coherence. In imitating gender, drag implicitly reveals the imitative structure of gender itself –as well as its contingency. (*Gender* 175)

Esta subvesión del género permite una narración anti-edípica en la relación con el Otro. Los norteamericanos y europeos de esta expedición, a diferencia del prototipo de macho conquistador, no vienen a fertilizar la tierra con la civilización. Llegan buscando fama, pero al descubrir que Carías, el empresario mestizo que cubre sus gastos, quiere exterminar a los indios y tomar ese territorio, luchan por evitarlo. Por lo tanto, no se repite el mito de la mujer-tierra que copula con el forastero, como sucede en *Los Pasos Perdidos*, y que, según Paz, degenera en el mito de la Malinche, símbolo de la mujer-tierra violada que deja al mestizo con el trauma de huérfano ensimismado en el laberinto de su soledad. Esta orfandad no puede ser el fundamento de la identidad latinoamericana.

Roger Bartra afirma al respecto que las ideas de Paz sirvieron para crear una identidad mexicana y latinoamericana como una jaula de metáforas a partir de un metalenguaje de mitos. La identidad mexicana, por ejemplo, se usó para reforzar un nacionalismo defensivo contra el neocolonialismo americano, pero ha dado origen a una falsa esencia nacional simbolizada en el ajolote, anfibio prehistórico que reproduce su primitivismo sólo en la laguna de Xochimilco. Esa laguna es como un vientre que lo mantiene en la Edad Dorada y evita su metamorfosis en salamandra. Afortunadamente, muchos mexicanos están saliendo del estereotipo creado por el orientalismo occidental que los definía como seres inferiores, herméticos, melancólicos, violentos, flojos e indiferentes al paso del tiempo y la muerte.[5] "They have lost their identity, but do not regret it: their new world is an apple of discord and contradictions . . . they are different (Bartra 176). La identidad de cada nación latinoamericana también es múltiple y no puede ser un conjunto de identidades sobre la base de un modelo superior occidental, sino que es prueba de toda una variedad de formas de ser y posibilidades de transformación y crecimiento constante.

El mito edípico y antropomórfico de la conquista del Nuevo Mundo está hoy presente de manera paródica en recuerdos estilizados para consumo de turistas y en los bailes de carnaval de las regiones andinas. Si bien en México se creó el mito de la Malinche, mujer indígena considerada traidora y mala por ser intérprete y amante del conquistador Cortés, en otros países latinoamericanos encontramos representaciones similares del hombre occidental que llega a tomar posesión de la tierra americana a través de la fertilización de la mujer. Apreciemos, por ejemplo, al muñeco nicaragüense de manos blancas y cabeza de caballo que llega a traer el orden marcando el ritmo con su pie, símbolo del conquistador español que es conocido como "el macho" o "el macho ratón," quizás por llegar a buscar su agujero. Mientras que en Perú, la cholita sin ropa interior bajo su pollera y con su hilado en la mano representa el cordón umbilical que une al hombre con su madre-tierra, como aparece en la lírica del poeta peruano César Vallejo.

Es por esto que la literatura hoy parodia este mito a través de la inversión de los estereotipos de masculinidad y femineidad. Así, el antropólogo francés que acompaña a Kate, quien busca probar su teoría darwinista de la superioridad del más fuerte sobre el más débil, en realidad, es débil y cobarde. Lo mismo ocurre con el norteamericano Alex, que trata de tener todo bajo control con el uso de la razón, pero que en su adolescencia aprende que hay otras formas de explicarse el mundo y que no encontrará una respuesta final. Tenemos entonces que es la doctora encargada de la vacunación de los indígenas quien intentará una fecundación simbólica con su ciencia. Esta penetración femenina es frustrada porque Alex y Nadia, convertidos en protectores de los indios, descubren que las vacunas suministradas por Carías, amante de la doctora, contenían virus para exterminarlos y quitarles sus tierras.

El encuentro cultural tanto en el ámbito individual, entre Alex y Nadia, como colectivo, entre los forasteros y los indígenas, se da a través del diálogo y no como posesión heterosexual de parte de un macho fuerte. Alex, que solía tratar a sus hermanas menores como "mocosas [que] no saben lo que dicen" (10), escucha con respeto a Nadia, que tiene doce años, y no la ve como objeto de deseo como a Cecilia Burns, su ideal de mujer, mas como a una amiga con quien hacer planes juntos y llevarlos a cabo sin sentirse con autoridad sobre ella. Ambos descubren sus identidades totémicas como formas estratégicas de desarrollarse, deconstruyendo así el mito freudiano de la conexión del tótem y el tabú sexual. Nadia, por ejemplo, pierde el miedo a las alturas y aprende a confiar en sí misma al identificarse con un águila, mientras que Alex logra un balance en su identidad bicultural al creerse un jaguar amazónico. Gayatri Spivak considera beneficioso "a strategic use of essentialism" (359) como mecanismo de acción dentro de la deconstrucción del sujeto, aclarando que "there is no feminine essence [and] there is no essential class subject" (368). Su posición plantea una negociación de significados entre dos sujetos que dialogan desde distintas posiciones estratégicas, pero sin crear una oposición binaria estática.

Tal acercamiento se inicia al reconocer la existencia de la tribu de la gente de la neblina. Se nos dice que esta gente ha desarrollado la invisibilidad como mecanismo de protección contra el expansionismo occidental. Sin embargo, al ver las intenciones de los forasteros también nos damos cuenta de que es invisible porque el mundo occidental no valora su civilización, pretende no verla para civilizarla al modo occidental o exterminarla por incapacidad de adaptación. La ambivalencia de la identidad de los indios es ese estar y no estar, como el ser y no ser de la identidad del género de Nadia. Su mimetismo con la naturaleza y los seres humanos que pueden desaparecer es "a symbol of resistance; it becomes a technique of camuflage, a means of struggle . . . the object of paranoid surveillance and interrogation" (Bhabha 63) para los forasteros que temen la penetración de la mirada y las flechas del Otro que buscan.

La cultura de los indios sirve para desacralizar la cultura occidental de su rigidez y autoridad como única forma de vida y como modelo en el último estadio del progreso, pues las ideas sobre su supuesto atraso son producto de una historia escrita desde el punto de vista occidental, como le hace ver Kate a Alex:

ALEX. En este libro dice que esos indios viven como en la Edad de Piedra. Todavía no han inventado la rueda.
KATE. No la necesitan. No sirve en ese terreno, no tienen nada que transportar y no van apurados a ninguna parte.
ALEX. No conocen la escritura.
KATE. Seguro que tienen buena memoria. (44)

Este contrapunteo dialéctico nos lleva a cuestionarnos la veracidad de la historia de la humanidad que conocemos. Johannes Fabian considera que esta idea del primitivismo de ciertas culturas es producto de la invención de un Otro en un espacio y tiempo distintos al nuestro por creer en una superioridad que se inicia con los primeros cristianos, pueblo elegido por Dios. De aquí que la historia humana sea como la historia patriarcal de la salvación, la cual hoy es "faith in progress and industry" dentro del evolucionismo cultural, y justificada científicamente por medio de los estudios antropológicos (17). Esto explica por qué el grotesco antropólogo esgrime un discurso patriarcal, que trata de imponer a la realidad que encuentra, y sólo al final se redime al mostrarse maternal cuando le salva la vida a un bebé indígena. Asimismo, todas las muestras culturales amerindias que Alex no encuentra en su libro ni comprende con el uso de la lógica, las descubrirá y aprenderá de forma alternativa al vivir entre los aborígenes.

La historia oral de otras civilizaciones no es aceptada, pero como señala Kate, es guardada en la memoria de las Bestias, papel que también desempeñan las mujeres en las novelas de Allende con el fin de ofrecer una versión alternativa a la historia patriarcal establecida como universal.[6] Cuando la tribu de la gente de la neblina rapta a Alex y Nadia, éstos descubren que sus dioses son las gigantescas Bestias peludas que busca la expedición. Las Bestias son dioses por la relación foucaultniana de poder y conocimiento: aquéllas archivan en sus memorias todo el conocimiento de la tribu. Son seres de contornos difusos, como la gente de la neblina, porque en su pelo anidan pueblos enteros de insectos, y también viven escondidos, atacando sólo para defender a los nativos con un olor pestilente o, en casos extremos, con sus garras. Al verlas, Alex deduce con su lógica occidental que "eran más primitivas que los hombres de las cavernas, pues aún no habían descubierto el fuego. Comparados con las Bestias, los indígenas resultaban muy sofisticados" (199). Esta observación lo lleva a preguntarse: "¿por qué la gente de la neblina las consideraba dioses, si ellos eran mucho más evolucionados?" (199). Esta reflexión didáctica por parte de un personaje nos lleva a dudar de la identificación de unos como primitivos y otros como evolucionados. Es una parodia el hecho de denominar Bestias a estos seres en los cuales está depositado el saber de toda una civilización, que para los amerindios es el Ojo del Mundo, un cúmulo de conocimientos, mientras que para los occidentales es El Dorado, un cúmulo de riquezas materiales que explotar.

La civilización de la gente de la neblina aparece como una forma alternativa de vivir en comunidad tan válida como la occidental. Los indios tienen un lenguaje que comparten con las Bestias y una historia oral que reclama su existencia en este mundo. Su organización política se basa en la distribución de poder, y sabemos que puede ser patriarcal o matriarcal. Además, tampoco hay discriminación por edad, ya que Alex es elegido embajador para negociar con los forasteros y Nadia es nombrada estratega para detener los aviones invasores. Junto a ellos hay otros dos jefes indios, el chamán y el guerrero cazador para conseguir alimentos. La elección no es democrática, sino que la matriarca Iyomi interpreta sus alucinaciones y elige estos cuatro jefes que van a estar bajo su mando. Se vive en *shabonos* o aldeas que celosamente guardan sus secretos. Cuando Alex y Nadia son parte de la tribu de la gente de la neblina aprenden que los tabúes occidentales con respecto al sexo son sólo diferencias culturales. Por ejemplo, Alex ve "que sus compañeros de vivienda dormían de a dos en las hamacas o amontonados en el suelo para infundirse calor, pero él venía de una cultura donde el contacto físico entre varones no se tolera; los hombres sólo se tocan en arranques de violencia o en los deportes más rudos" (157). Sin embargo, Alex supera su homofobia y despierta "acurrucado en el suelo sobre una esterilla de paja, apretado entre dos fornidos guerreros" (157).

Cabe destacar que no se nos ofrece una utopía de ese Otro que es la civilización aborigen porque ésta también orientaliza a los occidentales llamándolos *nahab*. En su lenguaje simbólico, la gente de la neblina considera que "los *nahab* hablan con mentiras y no conocen la justicia, pueden ensuciar nuestras almas . . . el *Rahakanariwa* . . . es un pájaro chupa sangre" y se parece a "los pájaros que hacen ruido y viento" (162-63). El *Rahakanariwa* es la muerte que traen los virus de occidente, pero que se identifican con el forastero de la misma forma que la Bestia y los indígenas son asociados con lo primitivo. Sólo mediante el diálogo los amerindios se dan cuenta de que no todos los *nahab* quieren exterminarlos. Lamentablemente, el avance y la imposición de su cultura es característica del occidental porque, según Fabian, la historia del progreso depende de la supuesta salvación del Otro que existe para justificar una hegemonía. Esta dinámica nos hace ver que quizás no exista un progreso liderado por algunos, y que la evolución no es más que un sinónimo de los posibles cambios o formas de organizar nuestras vidas. De ser así tendríamos que respetar toda expresión humana y evitar repetirnos u homogeneizarnos porque tanto nuestros cuerpos como nuestra identidad cultural y las formas de expresarnos están en constante metamorfosis.

Por lo tanto, el título del artículo de Lorde: "The Master's Tools Will Never Dismantle the Master's House" (1984) nos ayuda a reflexionar sobre la necesidad de evitar repetir un modelo de civilización como óptimo. Observamos, por ejemplo, que algunas novelas primitivistas latinoamericanas, como las novelas fundacionales, repiten el discurso colonial heredado de un primitivismo cultural arraigado en mitos nacionalistas para buscar una identidad propia. El realismo mágico, parte del canon latinoamericano del Boom, buscaba encontrar o diseñar una esencia latinoamericana y perpetuarse en su repetición. Si bien es cierto que el realismo mágico tiene sus orígenes "en la reacción contra el positivismo y las ideologías europeizantes que despreciaban la alteridad latinoamericana" (Erik Camayd-Freixas 299), también tenemos que reconocer que en esa celebración de la diferencia se abrazaron mitos sobre nuestra identidad que la presentaban como pasiva, agresiva, espiritual, etc., como indican los estudios de Bartra y otros. Elzbieta Sklodowska, por ejemplo, afirma que una "reacción local contra los paradigmas estructuradores del boom (mito, 'masculinismo', hermetismo, totalidad) combinada con una auto-conciencia universal constituyen dos poderosas fuerzas que van moldeando la transformación del canon novelístico hispanoamericano en las décadas de los setenta y ochenta" (110). Para Sklodowska, esta transformación se manifiesta en el tipo de parodia de la primera novela de Allende, *La casa de los espíritus*.

El realismo mágico en la postmodernidad trata de buscar nuevos rumbos desacralizando la falsa identidad monolítica heredada de la colonia y reinstaurada por el neo-colonialismo y el nacionalismo autóctono. Cuando Camayd-Freixas analiza *La casa de los espíritus* y subraya que la novelística de Isabel Allende "no tiene nada de realismo mágico" porque éste no se encuentra en su sistema interno de obra "mimética y no alegórica" (292-93), está reconociendo la función subversiva del nuevo realismo mágico. Patricia Hart llama a este estilo: "Magic Feminism" porque transforma la realidad para forzarnos a reconocer males sociales con el fin de actuar sobre ellos (105). Sin embargo, creemos que este uso del realismo mágico como un espejo cóncavo es producto del mimetismo que nos libera de una identidad fija como esencia. De ahí que Nadia, alusión a nadie, aprenda de los indígenas a hacerse invisible y pueda ser águila, niña, mujer o nada, un ser libre que opta por una identidad estratégica como mecanismo de acción en un mundo neo-colonialista que trata de dibujarla, categorizarla y homogeneizarla.

El realismo mágico, hibridez de realidad y magia, es un movimiento estético muy afín a la expresión subalterna que busca usar como estrategia las ideologías esencialistas de la neo-colonización.[7] En esa lucha de resistencia a ser el Otro y reclamar su lugar como sujeto o norma válida, se crea un diálogo constante que nos acerca y nos ayuda a descubrir nuestro potencial como seres humanos. De ahí que se parodie nuestra identidad de género sobre la base de la heterosexualidad compulsiva que crea toda una civilización y repite su opresión usando un único modelo de unión familiar entre hombre y mujer. Se trata de reescribir la historia de la humanidad desde muchos puntos de vista, con un "puede ser y puede no ser" (251), frase que Alex aprende con Nadia, las Bestias y la gente de la neblina. La dialéctica de la soledad, de la que se deriva la orfandad latinoamericana (Paz 211), pasaría a considerarse como un espacio abierto a posibles redes indefinidas y laberínticas de conexiones cambiantes y contingentes que prueban su vitalidad

.

Capítulo 4: Lo sensorial e instintivo como forma de conocimiento

4.1 Los sentidos y la epistemología: nuestra interrelación con el mundo interno y externo

Si reconocemos que existe una institucionalización compulsiva de la heterosexualidad que controla el deseo femenino y lo justifica a través del complejo de Edipo y el de Electra, como señala Adrienne Rich, es necesario indagar en las formas en que este deseo ha tenido que camuflarse de forma subconsciente para poder ser expresado en una sublimación aceptable, como es la literatura. Esto se debe a que en "the unconscious, that other limitless country, is the place where the repressed manage to survive," según Cixous (Marks 250). El cuerpo femenino y los sentidos, tan relegados por la cultura occidental, han de ser el punto de partida de una nueva epistemología que nos lleve a conocer las manifestaciones de la sexualidad femenina.

En los textos de Escofet y Allende, muchos personajes femeninos logran desarrollarse a través de los sentidos. El más importante no es la visión a través de la cual se domina al Otro, convirtiéndolo en objeto de la mirada y del deseo. La sexualidad femenina en estas escritoras es contemplada como una combinación de todos los sentidos, en la que el cuerpo tiene la supremacía. Tal y como sugiere Hélène Cixous, el exceso libidinal femenino está ligado a la escritura del deseo corporal:

> To write. An act that will not only "realize" the decensored relation of woman to her sexuality . . . it will give her back her goods, her pleasures, her organs, her immense bodily territories which have been kept under seal; it will tear her away from the superegoized structure in which she has always occupied the place reserved for the guilty (guilty of everything, guilty at every turn: for

having desires, for not having any; for being frigid, for being "too hot;" for not being both at once; for being too motherly and not enough; for having children and for not having any; for nursing and for not nursing) [Eva es un arquetipo de culpabilidad muy fuerte en Latinoamérica]. (Marks 250)

Esto explica la necesidad de Escofet y Allende de escribir sobre la sexualidad femenina desde una revaloración del cuerpo, de los sentidos y de la intuición, como medios de auto-reflexión sobre el deseo femenino. Curiosamente, lo paranormal, relacionado a la esfera femenina y a los chamanes de poblaciones consideradas primitivas, fue retomado como parte del proceso cognoscitivo por los surrealistas, y entra dentro de lo inexplicable de la relatividad del mundo postmoderno. Y cuando éstos buscan en el subconsciente mediante la escritura automática, lo que aflora en sus trabajos son principalmente cuerpos fragmentados de mujeres, ya que sus cuerpos han sido ofrecidos en sacrificio a los deseos masculinos y han quedado convertidos en fetiches. Estas representaciones de la sexualidad femenina no están muy lejos de la realidad del mundo postmoderno, si observamos los avances de la cirugía estética. Escofet parodia la automatización y la pérdida del deseo de los cuerpos en su drama *Eternity Class* (2001), donde la gente se plastifica para vivir por siempre, pero termina sin memoria y rompiéndose en pedazos. Las últimas palabras de uno de los personajes, ya robotizados y sin voz, muestran el temor de no poder percibir otro cuerpo ni siquiera con el olfato:

De la espalda de Gualberto se cae un cable al cual está unido una cassette. Se escucha una voz metálica de grabación.
VOZ DE LA GRABACIÓN. ¿Será fácil olvidar el olor de la piel?
Luego sonido largo y sostenido de una pila) piiiiiiiiiiiip. (*Tres* 109)

Este último capítulo analiza detalladamente la relación entre los sentidos, el autoconocimiento y el encuentro con el Otro y con nosotros mismos en la creación de una sexualidad femenina múltiple. Esta sexualidad estaría en constante transformación a través del proceso narrativo de contar historias.
Si la sexualidad heterosexual no es la única, entonces los géneros ya no pueden ser considerados construcciones estables y fijas, sino que la sexualidad femenina se enriquece con la variedad de posibilidades que se crean cuando no se reprimen los sentidos. En el mundo del sueño y la imaginación no existen límites, por lo tanto el espacio de una realidad mágica hace posible la aceptación de nuevas opciones. Esto es algo que el feminismo mágico de Allende desarrolla en algunos textos. Existe entonces una tradición de crear espacios posibles donde se puedan albergar las sexualidades marginales. La femenina, por ejemplo, tiene una historia de solidaridad para defenderse del acoso heterosexual como vemos en personajes femeninos que viven juntos por apoyo y afecto, como en el caso de *Los cuentos de Eva Luna*, y a veces vemos familias patriarcales donde prevalece la herencia materna de la narración histórica, como en *La casa de los espíritus* y en *Eva Luna*. En el capítulo tres de este libro vimos cómo en *La ciudad de las bestias* la narración de cuentos orales guardaba toda la

tradición histórica de estos pueblos. Aquí radica la importancia del diálogo con los demás para saber de nosotros mismos al conocer más sobre los Otros.

La narración de cuentos de *Eva Luna* se vuelve más carnavalesca cuando en *Afrodita* oímos todo tipo de voces de textos de recetas, anécdotas, diccionarios, cuentos, pinturas, libros de decoro, etc. El contraste es surreal, pero también habla de la forma en que las mujeres tienen que crear significados, inmersas en un mundo masculino o ajeno y tomando diversos aspectos para crearse uno propio. Es así que siendo un libro de cocina, también sea un libro que trata del proceso de la creación y su conexión con el placer. *Afrodita* tiene hojas brillantes y lisas, como esos libros para hojear, leer y soñar mientras se toma el té. Se busca el placer del lector y, a mi parecer, el de la lectora, pues encontramos historias de temas que complacen a una mujer, según cita la voz narrativa. Mientras *Eva Luna* y *Los cuentos* aluden a los sentidos por la narración, Afrodita lo hace también de forma visual y táctil; hasta se nos indica que hubo la intención de incluir música. Estos textos dialogan con el lector a nivel sensorial para poder expresar algo que el lenguaje no logra definir: la sexualidad femenina.

4.2 El oriente como espacio de autoconocimiento y diálogo con el Otro en *Eva Luna*, *Los cuentos de Eva Luna* y *Afrodita: cuentos, recetas y otros afrodisíacos* de Isabel Allende

Desde la publicación de *La invención de América* (1958) por Edmundo O' Gorman y de *Orientalismo* (1978) por Edward Said, los estudios postcoloniales han seguido analizando la invención y la estigmatización negativa del Oriente en diversos aspectos. Uno de los rasgos negativos, según el puritanismo occidental, es el de tener una población de sensualidad exagerada, asociada a los instintos animales y, por lo tanto, a lo salvaje, lo transgresor y lo perverso. Sin embargo, nos proponemos demostrar cómo Isabel Allende logra revalorar la sensualidad oriental, en especial la femenina, ya que la considera un modelo y la relaciona con el proceso creativo. Su contradiscurso le da autonomía a la sexualidad femenina y, al mismo tiempo, cuestiona el sistema de valores de la cultura occidental que denigra lo instintivo y lo sensual. En este estudio analizaremos el orientalismo latinoamericano de Allende en tres de sus textos: *Eva Luna* (1987), *Los cuentos de Eva Luna* (1989) y *Afrodita: cuentos, recetas y otros afrodisíacos* (1998).

Si partimos de la ubicación y la formación estratégica[1] de quien crea el discurso orientalista, según Said, encontramos que Allende, como hija de diplomático, tuvo que vivir en distintas partes del mundo y, así, lo hizo en Beirut, el Líbano, desde los trece a los dieciséis años. Este lugar fue inolvidable por las memorias sensoriales de "music, sound, smells of the city" y sus contrastes "wailing sounds of the religious men along with bells chiming atop Christian churches" (Main 30). Un espacio de hibridez cultural que le permitió reconocer mundos distintos a su alrededor, para luego crear nuevos mundos, tanto reales como literarios. Sus compañeros "came from all over the world. . . . Shirley, the prettiest girl in the school, was from India. She taught Isabel how to belly dance² " (31), habilidad que luego Eva Luna aprende del turco, Riad Halabí, en una relación amorosa imposible por la edad y porque "los chismes nunca [les] dejarían en paz" (190). Notemos que Allende no conceptualizó a la niña oriental como inferior, sino que la consideró la niña más hermosa de la escuela, con quien aprendió a bailar. Según Iris J. Stewart, "dance is a language that reunites the body, soul, and mind. [La danza logra la unión de los falsos opuestos que es una meta en el surrealismo y las filosofías orientales] Dance and ritual create community, drawing people together both emotionally and physically in a special sense of intimacy and shared abandon" (5). Al parecer, le tuvo mucho afecto, pues la inmortalizó de forma travesti o permisible en la literatura³ e hizo el amor por primera vez con ella/él en *Eva Luna*. Años más tarde, confiesa también que entra al mundo de la fantasía y la sexualidad leyendo un texto oriental, *Las mil y una noches*:

> Mi padrastro tenía *Las mil y una noches* bajo llave en su armario, pero yo descubrí la manera de abrir el mueble y leer a escondidas trozos de esos magníficos libros de cuero rojo con letras de oro. Me zambullí en el mundo sin retorno de la fantasía, guiada por huríes de piel de leche, genios que habitaban en las botellas y príncipes dotados de un inagotable entusiasmo para hacer el amor. Todo lo que había a mi alrededor invitaba a la sensualidad y mis hormonas estaban a punto de estallar como granadas, pero en Beirut vivía prácticamente encerrada. (*Mis líos* 243-44)

Si analizamos el cronotopo, la ubicación espacial y temporal del encuentro con el Otro oriental y sus lecturas en Beirut, Allende está inmersa en el oriente con una edad en la que todavía no ha aprendido a sentirse superior por ser occidental ni tiene muchos años dentro de la heterosexualidad compulsiva occidental. Años más tarde se define como "heterosexual, pero no fanática" (*Afrodita* 207). Por lo tanto, su experiencia es muy distinta a la de los viajeros adultos que ya traen toda una gama de estereotipos y lecturas tergiversadoras de cómo es el Otro oriental y de quiénes son éstos, así como una serie de tabúes sobre la homosexualidad, aprendidos en danzas que representan la heterosexualidad. Lányi Katalin, sostiene al respecto que "same-sex dance has the potential to challenge . . . patriarchal relations by disconnecting gender from dance roles and creating more balanced roles" (2). Esto indica que cuando Allende aprender a bailar la danza del vientre, ella no lo hace para entretener a un hombre ni para seguirlo como su guía, sino por su propio placer de autoconocimiento a través del Otro. Allende dice también que se "zambulle" en el imaginario literario oriental y ahí conoce tanto la fantasía, como el placer sensual. Pese a ser un acercamiento mediatizado, ese oriente sensual le permite acceder a su propio erotismo, conocerse a través del homo-erotismo como el verse en un espejo y desarrollar su energía creativa, algo que le estaba negado como niña occidental latinoamericana educada dentro del catolicismo.

Al no ser oriental, no tuvo que cubrirse con el velo,[4] como lo mandaban las normas del decoro, sino que aprendió a jugar con él, gozando del control de su propio cuerpo en el baile, y de los vuelos imaginarios con las historias de oriente.[5] El velo simboliza el límite con lo sagrado, "as a curtain to divide the holy zones from the profane zones . . . as we see in the Greek word *hymen*" (191-93), según María Strova. Quizás también sea el límite con los misterios del subconsciente, por lo cual al ser levantado es como si lo real (lo simbólico) y lo mágico (lo semiótico) compartiesen el mismo espacio. Esta concepción de lo literario unido a lo sensual la señala Allende cuando dice que no hay nada más erótico que regalar "una historia o un poema, como en las más refinadas tradiciones del Oriente" (*Afrodita* 17). Y cuando se pregunta retóricamente: "¿Existe una relación entre la creatividad y el erotismo?", su respuesta es: "Espero que sí. El profundo regocijo que siento después de comer bien y hacer el amor amando, invariablemente se refleja en mi trabajo, como si el cuerpo agradecido, destinara lo mejor de su energía a dar alas a la escritura" (*Afrodita* 209). El placer erótico real o mágico captado por los sentidos se transforma así en energía creadora y las primeras sensaciones las experimentamos en el vientre materno y luego con la lactancia. Por lo tanto, quien nos da los primeros cuidados en la infancia nos abre las puertas al conocimiento del mundo, evidenciando la conexión entre el afecto, el erotismo y el aprendizaje. Audre Lorde afirma al respecto lo siguiente:

The very word erotic comes from the Greek word *eros*, the personification of love in all its aspects –born of Chaos, and personifying creative power and harmony. When I speak of the erotic, then, I speak of it as assertion of the life force of women; of that creative energy empowered, the knowledge and use of which we are now reclaiming in our language, our history, our dancing, our loving, our work, our lives. (279)

La conexión que señala Lorde entre el erotismo y la creatividad en todos los niveles, incluso el psico-motor, explica la identificación de Allende, en primer lugar con Scherezada como creadora de sus propios cuentos latinoamericanos en *Eva Luna* y *Los cuentos de Eva Luna*, y luego con Afrodita, la diosa griega del amor, en *Afrodita: cuentos, recetas y otros afrodisíacos*. Recordemos que tanto Amelia Valcárcel como Cristina Escofet consideran que las mujeres necesitan atravesar los arquetipos modelos patriarcales y recrearlos a su gusto, y así tener una subjetividad femenina a partir del deseo propio. De acuerdo a Jean Wyatt, Lorde "redefines the erotic in the largest possible sense, as a source of authentic self-knowledge and as a fund of creative energy that empowers a variety of activities, including work . . . repossesses the knowledge/power" (245-46). El autoconocimiento le da a la mujer el poder de crearse según sus deseos y acceder al discurso del poder que, según Foucault, nos inventa a partir del lenguaje.

No podemos olvidar que nuestra experiencia en el mundo es también corporal y subconsciente, aunque la razón venga reinando desde el siglo XVIII.

Por lo tanto, el erotismo apela a los sentidos y a lo surreal, así como al conocimiento práctico, emocional e intuitivo de nuestra existencia en el mundo. Milner y Winnicott tienen una conceptualización surrealista de lo que implica el conocimiento por medio del arte, y señalan que "art provides the opportunity for us to give up the apparent certainty of logic and reason for an experience which, like play, is a state where dream and the external world are fused . . . the sensation that we exist inside our own body" (Minsky 203). Así, la mujer se crea a través del arte y la nueva Eva de Allende ya no es una costilla de Adán creada por un Dios que le quitó la maternidad y su poder creador a una madre, sino que esa Eva no se encuentra desamparada por su madre, Consuelo, que vive en espíritu al ser parte de su imaginario y de su subjetividad. Su apellido, Luna, viene de su padre indio, hijo de la madre Luna. De este modo se evita el matricidio patriarcal que inicia con los dioses griegos. Afrodita, por ejemplo, nace por inseminación artificial cuando el pene de Uranus es lanzado al mar, considerado el vientre de la madre naturaleza. Así, ella pasó a representar a las antiguas diosas tan temidas por su independencia sexual del varón como Inanna, Isthar y Astarte, cuyos templos y ritos orgiásticos fueron destruidos por el cristianismo. Cabe añadir que David William Foster encuentra en Afrodita un símbolo *queer* en el film *Afrodita, el jardin de los perfumes* (1998) de Pablo César y sugiere que ella "constitutes a crucial network of signifiers relative to various and contradictory ideologies gathered under the macrosememe LOVE, whose multiple inflections are paramount for both the construction of heteronormativity as well as queer deconstructions of it" (144). Por lo tanto, la ambigüedad de Afrodita representa la sexualidad femenina como múltiple y cambiante de acuerdo a la imaginación de cada mujer quien, al igual que el varón, tiene acceso a verse reflejada en la divinidad creadora.

Adrienne Rich señala que estas diosas eran poderosas por su maternidad, y que sus símbolos las personificaban "both in darkness and in light, in the depths of the water and the heights of the sky. Only with the development of a patriarchal cosmogony do we find her restricted to a purely 'chthonic' or tellurian presence, represented by darkness, unconsciousness, and sleep" (*Of Woman* 97). Esto explica por qué las metáforas del vuelo y del agua son las que Allende, Escofet, Cixous e Irigaray reivindican como la *jouissance* o placer femenino. Kristeva también las usa, pero se enfoca en el placer del cuerpo del bebé en lo semiótico, el *cora* materno, o todo lo reprimido en el subconsciente. Los vanguardistas, por ejemplo, incorporan lo semiótico y lo sensorial en sus textos y en sus espacios favoritos predominan lo líquido y lo etéreo, metáforas de lo maternal; sin embargo, para Kristeva, éstos deberían abandonar tales espacios para preservar su salud mental.

Luce Irigaray, otra feminista que rompe con la escuela lacaniana y estudia el subconsciente, nos invita, al igual que Allende, a recuperar a Afrodita. Ella representa el amor espiritual y carnal, "the embodiment of love becoming human freedom and desire. This embodiment is female and represents almost the exact opposite of Eve the seductress" (95), y como sabemos, la culpable de los males de la humanidad. Para Irigaray, el mito de Eva "has dissociated her body from her speech, and her pleasure from her language" (112). De ahí que

Allende reescriba el mito de Eva y el de Afrodita. A Eva le da una madre, Consuelo, quien le otorga el poder de creación mediante la palabra oral. Luego, a través del amor del turco Riad Halabí, que se cubre el rostro con un pañuelo o velo, ella aprende a expresarse de otras formas: a bailar el baile del vientre, a expresar el amor y el placer de su cuerpo y a escribir sus cuentos y su futuro. Allende llega a afirmar que "fiction is something that happens to me in spite of myself", es decir de forma casi subconsciente, y añade: "It happens in my belly, not in my mind. It's like making love or having children; it only happens in your own language" (Toms 171). La creación es corporal y sale de lo más íntimo de su ser, tal como lo aprendió bailando, cocinando, etc. Así, a Afrodita le reconoce su capacidad creadora desde el espacio en que se había recluido a la mujer, la cocina. La olla, como el texto o el caldero de las brujas y diosas alquimistas, es también el espacio en que se que transforman diversos elementos en cosas nuevas.

Irigaray propone la siguiente estrategia: "an appropriation and then refiguring of libido beyond the masculine symbolic/imaginary in a newly constituted feminine domain of meaning and desire. . . . A version of the flesh as truth for women, which takes its inspiration from the flesh of woman, from the mother-daughter relationship and from mimicry or ironic imitation" (Gray 92). Es decir, se ha de partir de las estructuras patriarcales, pero con una distancia crítica que las parodie desde las experiencias femeninas como lugar de ubicación. No se trata de deconstruir todo y crear de la nada, sino de transformar y recrear con los imaginarios culturales que tenemos. La nueva Afrodita tiene ya sus pinceladas en Eva cuando afirma que "sospechaba que nada existía verdaderamente, la realidad era una materia imprecisa y gelatinosa que mis sentidos captaban a medias. No había pruebas de que todos la captaran del mismo modo. . . . Me consolaba la idea de que yo podía tomar esa gelatina y moldearla para crear lo que deseara" (*Eva* 177). Como la diosa Afrodita, Eva crea espacios y personajes tanto ficticios como reales a partir de su deseo.

Al destruir un imaginario modelo (Escofet 183) y crearse otro (Valcárcel 18-19), las mujeres son dueñas de su destino y libres de transformarlo y crearse nuevos mundos. Esta reelaboración de modelos es un rasgo muy importante en la tradición de la escritura feminista latinoamericana desde *La respuesta a Sor Filotea* de Sor Juana Inés de la Cruz. Siendo consciente de que la historia patriarcal no reconoce los modelos femeninos de mujeres destacadas, la décima musa los trae a la memoria para que se reconozca la capacidad creadora de las mujeres. Primero, nos dice que leyó sobre muchas mujeres doctas en diversas épocas y posiciones sociales de poder creándose toda una genealogía desde Minerva, diosa de las ciencias, a los patronos de la Orden Jerónima a la que pertenece. Observemos cómo resalta la superioridad de la Santa al saber masculino:

> Y para no buscar ejemplos fuera de casa, veo una santísima madre mía, Paula, docta en las lenguas hebrea, griega y latina y aptísima para interpretar las Escrituras ¿Y qué más siendo su cronista un Máximo Jerónimo, apenas se hallaba el Santo digno de serlo, pues con aquella viva ponderación y enérgica eficacia con que sabe explicarse dice: Si todos los miembros de mi cuerpo

fuesen lenguas, no bastarían a publicar la sabiduría y virtud de Paula. (Sor Juana 840)

El poder de creación que no se le reconoce a la mujer más allá de la reproducción, palabra que se asemeja a copia con el desarrollo del patriarcado, es recuperado en los discursos de Sor Juana, de Allende y de otras escritoras interesadas en ese tema, pues elaboran todo un linaje materno de la capacidad creadora femenina a través de la palabra. "La palabra, que es el arca de la memoria" (9), como afirma Rosario Castellanos, es a lo que menos tienen acceso los grupos marginales. En el caso de las mujeres, el analfabetismo había sido notable hasta el siglo XIX y lo sigue siendo entre mujeres de color e indígenas de clase baja. Por lo tanto, es importante señalar el hecho de que Eva Luna sea una muchacha mestiza pobre que aprende de su madre a narrar cuentos. La madre crea espacios en los que salen con Eva de su situación de servidumbre. Eva logra ir aún más allá, al pasar a la historia cuando escribe el libreto que hace para la telenovela Bolero, que es la novela auto-fágica que estamos leyendo. Sus sueños de superación convergen lo surreal con lo real para lograr los cambios sociales.

La palabra de la mujer marginal está en la historia y en los medios de comunicación popular a los que tiene acceso, como son la radio y la televisión, y también en otras producciones culturales, como las canciones de Mimí, la amiga travesti de Eva, las recetas de cocina, las festividades en *Eva Luna* y *Afrodita*, entre otras. Estas historias las rescata Allende haciendo uso de su experiencia periodística para atrapar historias que están en las conversaciones de mujeres, como cuenta Eva, quien aprende no sólo de libros, sino de su interacción con todo tipo de personas de diferentes estratos sociales, demostrando que no todo se aprende de los libros. El libro es, por lo tanto, equiparado con la música del bolero y las telenovelas, que son los medios culturales asequibles a las mujeres marginales de Latinoamérica. Ya Sor Juana había dicho que "si Aristóteles hubiera guisado, mucho más hubiera escrito" (839). Eva tiene entonces un aprendizaje multisensorial, ya que debe aprender de la experiencia vivida hasta que aprende a leer y escribir. Los sentidos nos informan del deseo propio, por lo tanto, es importante analizar la importancia que Allende les da a los sentidos y a la percepción del entorno en la relación que guarda el erotismo y el proceso creativo.[6]

Sabemos que Consuelo, la madre de Eva, creció en una misión o un paraíso creado por unos misioneros que se deshicieron de ella tan pronto como creyeron que la niña había perdido su virginidad. Su expulsión del Edén parodia la historia de Adán y Eva expulsados por el pecado carnal o el eufemismo de la mordida de una manzana. El sexo y la comida, que dan placer a los sentidos, es algo que el cristianismo rechaza porque tiene que competir con las religiones orientales anteriores en las que la conexión con lo divino era por medio del placer. Esto lo investiga más a fondo Allende en *Afrodita*, cuando nos cuenta que algunos de los monjes tibetanos practican el sexo tántrico para meditar y que las orgías eran ritos religiosos en zonas del Mediterráneo (14). El anticlericarismo de Allende es muy claro desde *La casa de los Espíritus* (1982), su primera novela, cuando vemos que la niña Clara rechaza la negación del placer y la libre expresión del deseo del sacerdote de su parroquia, incluso critica las representaciones de Jesucristo y los santos sufriendo y desangrándose de forma masoquista. Si en algún caso hay personajes religiosos afables en *Los cuentos de Eva Luna*, éstos son los sacerdotes de la teología de la liberación o las mujeres medio curanderas y religiosas que ayudan a los pobres en Latinoamérica. Luego de haber conocido los templos árabes llenos de luz, agua y arte gráfico abstracto, Allende parece aceptar una filosofía que reconoce la divinidad en el goce y el arte. Carlos Fuentes considera que al estar prohibida la representación del cuerpo por el Corán, la Alhambra, por ejemplo, "se convirtió en un edificio escrito, su cuerpo cubierto de literatura, contando sus cuentos y cantando sus poemas desde sus paredes escritas. Una especie de grafito celestial, donde la voz de Dios se vuelve líquida y donde los placeres del arte, el intelecto y el amor pueden ser disfrutados" (61). Estas son estructuras de pensamiento que adopta Allende en los tres textos de nuestro análisis.

Tanto en *Eva Luna* como en *Los cuentos* y en *Afrodita* está presente la estructura del *collage*, la yuxtaposición de aventuras, anécdotas, cuentos, definiciones, pinturas, fotos, dibujos, y fragmentos de otros textos que son como los ingredientes para un plato exquisito, quizás el guiso afrodisíaco de la tía Burgel que es una constante en los tres textos. Del mismo modo que un edificio árabe es una fiesta para los sentidos, como afirma Fuentes, estos textos de Allende lo son en cuanto a su lectura multisensorial. Si en los dos primeros textos se nos describen las imágenes, los sonidos, los olores, los sabores, las texturas, en *Afrodita* tenemos un texto con pinturas de todo tipo, y se nos dice que no se incluyó un CD porque no pudieron ponerse de acuerdo en qué música era más erótica, lo cual nos recuerda que el último texto es un trabajo grupal, y por lo tanto orgiástico en su composición. Al igual que los surrealistas a inicios del siglo XX, que producían textos grupales, *Afrodita* surge también de la escritura del placer experimental en diálogo con el Otro. Los autores de *Afrodita*, aparte de Allende son: su amigo Robert Shekter, su madre Panchita Llona y su representante Carmen Balcells. Tres mujeres y un hombre que ponen diversos componentes: dibujos dionisíacos de sátiros, pinturas, recetas afrodisíacas y cuentos. Allende afirma que son los "culpables" (*Afrodita* 19), por aquella relación que la cristiandad ha creado entre la sexualidad y el mal.

Joy Logan ha llegado a afirmar que las recetas eróticas en Afrodita son un trabajo de auto-representación de la autora y que su transcripción de "popular knowledge, her rescripting of histories, her citing of sources, also playfully parallel what Hoffmann cites as discursive strategies of 17th century collecting of knowledge" (686). Sin embargo, es necesario reconocer que la filosofía árabe tiene dos rasgos muy definidos: la sistematización de conocimientos y su naturaleza enciclopédica. Si se examinan los escritos de filósofos árabes, entre ellos Avicena, por ejemplo, notamos que hay un intento de "encompass the entire world of knowledge of their time; they wrote not merely on such subjects as logic and metaphysics but on questions of natural science, statecraft, and music. This ambitious quest for universality and coherence is characteristic of the best and most profound philosophy in the *falsafah* tradition (Ormsby 133). Esta referencia nos lleva a ver a *Eva Luna*, *Los cuentos de Eva Luna* y *Afrodita* como textos de estructura árabe,[7] sin embargo, Allende diferencia los suyos con un ingrediente especial, según Patricia Hart: su mágico feminismo. El realismo mágico de Allende tiene así componentes árabes y feministas que no han sido explorados por otros escritores latinoamericanos, como Juan Rulfo o Gabriel García Márquez.

En el caso de *Afrodita*, luego de la recolección de datos, hay aquí una narración del proceso creativo ejemplificado a lo largo del texto. El ordenamiento está dado en base a cada uno de los cinco sentidos, añadiendo el de la intuición al seguir la divagación de la memoria a partir de una sensación, como bien lo hiciera Marcel Proust al saborear una magdalena en *En busca del tiempo perdido* (1908-1922). Estamos frente a un texto que refleja el proceso creativo desde la recolección de información sobre afrodisíacos, hasta la búsqueda de conexiones mentales por canales sensoriales y en la creación de un material nuevo que no es lo mismo que la suma de sus partes. En *Eva Luna* aparecen diversos episodios en los que Eva y su madre, Consuelo, sueñan o entran en cuadros, espacios donde se mezclan la realidad racional y la magia como en el caldero de Afrodita. Esto demuestra que el proceso de creación no sólo es racional, sino sensorial e intuitivo. Hélène Cixous, Julia Kristeva y Luce Irigaray sugieren una nueva forma de pensar y de escribir.[8] Kristeva, por ejemplo, afirma que "this would involve the conscious recognition of two powerful symbols of meaning, without denying the value for living of either: it would have to emphasize the creative, containing power of the mother or womb, symbolizing a non-rational, intuitive way of knowing and creativity as well as the rationality of existing language" (Minsky 125). Analicemos algunos de los cuadros o espacios en los que Eva Luna se zambulle placenteramente y crea sus cuentos y su propio pasado:

> Durante la siesta, cuando el silencio y la quietud se adueñaban de la casa, yo abandonaba mis tareas para ir al comedor, donde colgaba un gran cuadro de marco dorado, ventana abierta a un horizonte marino, olas, rocas, cielo brumoso y gaviotas. Me quedaba de pie, con las manos en la espalda y los ojos clavados en ese irresistible paisaje de agua, la cabeza perdida en viajes infinitos, en sirenas, delfines y mantarrayas que alguna vez surgieron de la fantasía de mi madre o de los libros del Profesor Jones. Entre tantos cuentos que ella me contó, yo prefería aquellos donde figuraba el mar porque me incitaban a soñar . . . tenemos un antepasado marinero, sugería mi madre . . . y así nació por fin la leyenda del abuelo holandés. (*Eva Luna* 60)

Observemos que la alusión al mundo marino tiene un paralelo con el vientre materno del que habla Kristeva y, por lo tanto, a las profundidades del subconsciente. Asimismo, sus cuentos son producto tanto de material real o leído del mundo masculino simbólico de los libros, como de la fantasía materna y las aguas que mezclan estos elementos del cuadro. Lo que ve y sabe con lo que se imagina al percibir el cuadro la lleva a hacer una ventana de un cuadro y a penetrar en él, como en las pinturas de René Magritte que aparecen en *Afrodita*. La comunicación de lo real con lo irreal se encuentra ya en *Los vasos comunicantes* (1932) de Breton, quien postulaba con el surrealismo una nueva forma de aproximación al conocimiento a partir de los sentidos y el subconsciente. Esta forma de conocer es algo que el surrealismo toma de las culturas africanas y amerindias que se comunican con sus divinidades en sueños o visiones a través de la exacerbación de los sentidos, insertándose en una realidad en la que los espíritus del más allá conviven con los vivos del más acá. Así, la madre de Eva continúa el diálogo con su hija después de morir.

Los cuentos de Eva Luna son también una especie de mosaico de pequeños cuadros o cuentos que pueden ser leídos en cualquier orden por azar, como *Rayuela* de Cortázar. Cada cuento nos muestra una experiencia distinta de la vida romántica y sexual del mundo femenino. La introducción es un cuadro de Eva y Rolf Carlé haciendo el amor en una cama, mas al final se nos dice que ésa es la creación de Rolf, quien de espectador pasa a ser protagonista al entrar en el cuadro (*Los cuentos* 12). Al igual que *Axolotl,* de Cortázar, el espectador entra a la pecera y se convierte en salamandra cuando el sujeto comparte el sentir del objeto observado. Podría decirse que la mujer, comúnmente objeto del deseo masculino, desea dejar de serlo por medio de la auto-reflexión de su placer, compartiendo sus experiencias con los lectores, y juntos zambulléndose en esos espacios en que se hace posible fundir lo racional y lo surreal o imaginario.

Los cuadros, calderos o aguas del "cora", como los llama Kristeva, son quizás el tercer espacio del que habla Bhabha in *The Location of Culture*, espacios donde se mezclan elementos y se crea el nuevo conocimiento a partir del intercambio de los sujetos, sin que un sujeto imponga su percepción sobre un objeto observado. Ahí, todo es fluido y está en constante transformación y creación, pues "the discursive conditions of enunciation . . . ensure that the meaning and symbols of culture have no primordial unity or fixity" (Bhabha 208). Para Cixous, este espacio es

> *la jouissance féminine* (female sexual pleasure) [which] is decentralized, vast, overflowing, like water. . . . Her project is a quest for self discovery, of self-creation and self reflexivity. Like many poets from the Symbolist era onwards, Cixous enjoys observing herself as she creates. The texts become commentaries upon their construction. Sometimes the self-analysis involves a return to primal, maternal, oedipal spaces . . . writing (art) is a very important act of affirmation. (Ives 70, 92-93)

Este tipo de espacios son los que se crean en estos textos como escritura femenina. Sin embargo, la escritura latinoamericana no puede ser tan abstracta como la de Cixous porque surge en un contexto distinto, surge de la necesidad de comunicación íntima con otras mujeres latinoamericanas de distintos estratos sociales. Por lo tanto, el lenguaje ha de ser simple pero profundo, utilizando metáforas conocidas por la mayoría de la población. En *Eva Luna*, Allende lo hace con las aventuras de una sirvienta, parodia del rol de la mujer en el patriarcado. En *Los cuentos* y en *Afrodita* hay toda una gama de mujeres, indígenas, mulatas, mestizas, blancas, extranjeras, orientales, etc., en espacios como las telenovelas, los boleros de la radio, la cocina y las calles, entre otros. Cada texto está lleno de alusiones a los sentidos y confidencias eróticas de mujeres que dialogan con los lectores como en una orgía dionisíaca de la que se van creando nuevas concepciones de la sexualidad femenina. La *jouissance* latinoamericana está, por ejemplo, en el sueño de una zambullida en un postre tradicional sudamericano:

> Una noche de enero de 1996 soñé que me lanzaba en una piscina llena de arroz con leche (vea la receta en la sección postres), donde nadaba con la gracia de una marsopa. . . . En 1991, en un restaurante de Madrid, pedí cuatro platos de arroz con leche y luego ordené un quinto de postre. Me los comí sin parpadear, con la vaga esperanza de que aquel nostálgico plato de mi niñez me ayudaría a soportar la angustia de ver a mi hija muy enferma. Ni mi alma ni mi hija se aliviaron, pero el arroz con leche quedó asociado en mi memoria con el consuelo espiritual. En el sueño, en cambio, nada había de elevado: yo me zambullía y esa crema deliciosa me acariciaba la piel, resbalaba por mis pliegues y me llenaba la boca. Desperté feliz y me abalancé sobre mi marido. (*Afrodita* 24)

El placer femenino arriba descrito no depende de la penetración masculina, sino del eroticismo materno del que habla Sara Ruddick en "Maternal Thinking" (1975), del placer de la madre embarazada, que también encontramos en Bombal en sus cuentos surrealistas: "Las islas nuevas" (1935), cuando Yolanda, alusión a Melusina y Lillith por su muñón de ala y pies de serpiente, no quiere que su hijo nazca, y luego en "La niebla", cuando la protagonista se sumerge en un lago y llega al orgasmo con el contacto del agua. Según Flax, "a powerful source of women's sexuality –the memories of early infantile gratification– is denied" (183). Notemos que es también la leche la que une a Allende con su hija Paula, que estaba enferma, por lo cual este postre en que ella nada es el espacio donde se mantiene unida a su hija, aún cuando ésta muere en 1992. El placer de tenerla en su vientre y de amamantarla son aspectos que la libido masculina no puede experimentar, pero que no se puede negar que los experimenta una madre. En este caso, queda clara la conexión entre la escritura como trabajo y auto-reflexión y el goce o *jouissance féminine*. Cixous diría que Allende "writes in white ink" (Marks 251) en este sueño del arroz con leche. El film *La niña santa* (2004) de Lucresia Martel también presenta el despertar sexual femenino en el agua y al poner a dos niñas en una piscina deja claro que no es un placer fálico. Otro texto femenino más reciente sobre el placer femenino y su relación con lo líquido, lo mágico y lo real es el film *El niño pez* (2009) de Lucía Puenzo. La unión amorosa de Lala y La Guayi toma lugar en un espacio imaginario acuático en la narración de La Guayi: en el lago en que sumergió a su bebé. Sin embargo, esta vez dice que en ese lago nadarán juntas "hasta el fondo," mientras están en una bañera.

Siendo *Afrodita* un texto de rasgos surrealistas y postmodernos, la intertextualidad y yuxtaposición de textos escritos y visuales son como diversos reflejos de una sexualidad femenina múltiple. Una historia similar a la del arroz con leche sobre el placer femenino la encontramos en un cuento oriental que incluye Allende con la siguiente nota: "Sólo a una mujer podía ocurrírsele un cuento de esta naturaleza" (137). Con lo cual nos confiesa que el placer femenino es difuso, tal como afirma Irigaray cuando dice que una mujer: "has sex organs just about everywhere. . . . One can say that the geography of her pleasure is much more diversified, more multiple in its differences, more complex, more subtle, than is imagined –an imaginary centered a bit too much on one and the same. [The penis]" (Marks 103). En el siguiente fragmento, Lady Onogoro, la escritora japonesa, describe también el placer femenino ya en el siglo XI:

> Hanako comprendió la invitación [del pez] y se dejó caer en el barro del estanque, abierta y blanca como una flor de loto, mientras el atrevido pez rondaba en torno a ella acariciándola y besándola y obligándola a abrir las piernas y entregarse a sus caricias. El pez le soplaba chorros de agua por las partes más sensibles y así, poco a poco, fue ganando terreno y conduciéndola por las rutas del placer más sublime, un placer que Hanako no había tenido jamás en brazos de hombre alguno y menos, por supuesto, del amante enguantado. (137)

En Japón, la literatura más antigua fue escrita por mujeres, quienes encerradas en sus casas desarrollaban la imaginación y se comunicaban entre ellas con historias, en una tradición tanto oral como escrita. Éste es un espacio al que nos transporta Allende para darnos a conocer la riqueza de la literatura de mujeres cuando se les permite expresarse. Su amante enguantado, obviamente, considera la unión sexual como algo abyecto que ha de rechazar porque destruiría el orden de su mundo y su identidad. Según Kristeva, "it's the impossibility of clear borders, lines of demarcation or divisions between the proper and the improper, the clean and the unclean, order and disorder, as required by the symbolic" (Grosz 73). Esto hace que su amante enguantado sólo la penetre por placer narcisista, pero no la haga gozar de su cuerpo, por lo que ella busca el placer que le es negado con un pez o juguete en el agua y a su gusto. Alicia Steimberg parece estar de acuerdo con estas narraciones que hablan de otro tipo de erotismo en la mujer cuando afirma: "no es mirar al falo lo que excita a una mujer, sino cosas de índole diferente, a veces más sutiles, a las que desea dedicar más tiempo y más espacio. . . . El libro verdaderamente erótico, pienso, es el que llega al erotismo por caminos imprevistos, incluso para el autor mismo, y sale de él con la misma naturalidad con la que entró" (1-3). *Afrodita* es un mosaico de aventuras, cuentos, recetas, datos históricos, imágenes, bailes y anécdotas, cuadros que invitan como ese pez a lanzarnos al estanque de textos donde los lectores bacantes pueden crear mil y un cuentos desde sus sensaciones. Uno puede entrar al libro por cualquier cuento e imagen con sólo abrirlo al azar, pues cada acto es independiente y, aunque han sido organizados en: introducción, cada uno de los sentidos, recetas y créditos artísticos, *Afrodita* es un espacio abierto, un caos con apariencia de orden, en términos borgianos o una rayuela, según Cortázar.

Muchos personajes femeninos de Allende están relacionados con la sensualidad oriental porque ella asocia ésta con el placer y los sentidos, lo cual es vital en una sexualidad múltiple como la femenina, según la teoría contemporánea francesa de Cixous e Irigaray. Sin embargo, no todas las historias orientales son de mujeres independientes y creativas, pues también hay mujeres dependientes y nulas cuando éstas siguen las leyes patriarcales. Éste es el caso de Zulema, la esposa de un turco en *Eva Luna*. Sus padres la casaron muy joven por intereses económicos y nunca se enamoró de su esposo porque él tenía el labio deforme. Ella sueña con el bello príncipe azul de los cuentos y lo ve materializarse en Kamal, sobrino de su esposo, que poseía una ambigüedad atractiva, pues "tenía el aspecto frágil de una señorita, pero había algo velludo, moreno y equívoco en su naturaleza que inquietaba a las mujeres" (*Eva* 151). Eva también compite con Zulema y el resto de mujeres del barrio por su atención, debido a la heterosexualidad compulsiva que las lleva a valorizarse al ser las escogidas del hombre más deseado. Sin embargo, cuando Eva es testigo ocular del coito entre Zulema y Kamal, ella queda tan afectada que no puede menstruar. Su ciclo lunar es afectado, su placer es negado. Este trauma sólo lo supera más tarde cuando el turco le hace una danza con velos y le desvela el placer que puede sentir su cuerpo, tal como sucedió años antes cuando aprende a bailar esta danza con Shirley. Eva, álter ego de Allende parece conocer un placer homo-erótico, pues Eva afirma que le "enseñó las múltiples posibilidades de la feminidad para que nunca me transara por menos. Recibí agradecida el espléndido regalo de mi propia sensualidad, conocí mi cuerpo, supe que había nacido para ese goce y no quise imaginar la vida sin Riad Halabí" (189-190).

En contraste, Zulema es tan dependiente de ese amor que al ser abandonada se suicida, aunque en realidad, hacía mucho que no existía porque vivía aislada de todos. Eva, en cambio, confiesa lo siguiente: "cuando al fin pude librarme de él, me había desprendido definitivamente del afán de poseer a otro y la tentación de pertenecer a alguien" (*Eva* 153). De esta manera, Allende indaga en otras formas de expresar la sexualidad femenina que no impliquen la posesión y la dependencia. Esta dinámica de poder se perpetúa en las relaciones heterosexuales cuando las categorías de masculino y femenino son fijas y excluyentes, incluso en las relaciones homosexuales se siguen patrones similares porque así hemos aprendido a relacionarnos. Por lo tanto, Allende opta por indagar en sexualidades que no creen dependencia y quizás las relaciones homo-eróticas en estas historias ayudan a que los personajes femeninos desarrollen el autoconocimiento de su placer y creen nuevas formas de vivir su sexualidad.

En consecuencia, las protagonistas de Allende son pícaras o libre pensadoras que rompen son las estructuras sociales de su tiempo, como Eva, y al mismo tiempo proponen nuevas formas de ser en un entorno hostil. Como señala Peter Earle, el pícaro siempre hace un autorretrato y "asume, conforme a su naturaleza proteicamente defensiva, múltiples disfraces y funciones en su lucha por sobrevivir" (989). Por lo tanto, el primer protagonista de la novela latinoamericana fue un pícaro, y el travestismo su mecanismo de supervivencia. José Martí señaló este fenómeno en *Nuestra América* (1891), diciendo que "Éramos una visión, con el pecho de atleta, las manos de petimetre y la frente de niño. Éramos una máscara, con los calzones de Inglaterra, el chaleco parisiense, el chaquetón de Norteamérica y la montera de España. . . . Éramos charreteras y togas, en países que venían al mundo con la alpargata en los pies y la vincha en la cabeza[9]" (Ripoll 75). El Periquillo Sarniento, nuestro pícaro decimonónico, nos muestra cómo de joven rompió con las reglas sociales usando múltiples disfraces, pero termina arrepintiéndose y aburguesándose luego de haber ridiculizado las estructuras coloniales. Allende hace algo similar al crear espacios en los que se subvierten las normas sociales del género con sus personajes travestis. Por ejemplo, Eva, la pícara de Allende que mezcla realidad y fantasía, narra en sus historias de amor, aquel encuentro con el Otro oriental de su infancia, Shirley, que aparece bajo el disfraz de heterosexual con velo como el turco Riad. También reconocemos a Shirley, quien tenía quince años cuando sus padres la sacan del colegio para casarla en un matrimonio arreglado (Main 31), en el triste destino de Zulema en *Eva Luna*. Es el viudo Riad, el primer amor verdadero de Eva, quien la enseña a bailar, como lo hizo Shirley. Eva toma la iniciativa y lo lleva al dormitorio, y aunque no nos narra los detalles, nos deja saber que el encuentro es distinto al que observó o imaginó entre Kamal y Zulema. Riad parece ser creativo y hasta artístico, ya que

> había inventado fórmulas de aproximación con un pañuelo en la cara [por el labio partido]. Era un hombre amable y delicado, ansioso de complacer y ser aceptado, por eso había indagado en todas las formas posibles de hacer el amor sin emplear los labios. Había convertido sus manos y todo el resto de su pesado cuerpo en un instrumento sensitivo, capaz de agasajar a una mujer bien dispuesta hasta colmarla de dicha. Ese encuentro . . . resultó alegre y risueño. Entramos juntos en un espacio donde no existía el tiempo natural y durante aquellas horas magníficas pudimos vivir en completa intimidad. . . . Me enseñó las múltiples posibilidades de la femineidad para que nunca me transara por menos. Recibí agradecida el espléndido regalo de mi propia sensualidad, conocí mi cuerpo, supe que había nacido para ese goce y no quise imaginar la vida sin Riad. (189-90)

Este encuentro real o imaginario habla de múltiples posibilidades y sensaciones desbordantes o de excesos que no se centran en la genitalidad ni en los besos. Nuevamente aparece la creación de espacios donde uno se zambulle en nuevos placeres y conocimientos, como en los cuadros y en el sueño del arroz con leche o flujo maternal de lo subconsciente. Es importante subrayar que en un estudio sobre la amistad y el deseo entre mujeres, Cornejo Parriego encuentra que "esta fuente de inspiración y de fortaleza se presenta invariablemente provisional y contingente. Con la excepción de *Nada*, de Carmen Laforet, las relaciones de amor-amistad surgen y se desarrollan en un espacio marginal y exiliado, una especie de isla o paraíso que termina siendo destruido por la imposición del orden heterosexual dominante" (Gómez 248). Es decir, que la heterosexualidad compulsiva hace que los amantes se separen, tal como sucede con Eva y Riad y luego con Rolf y sus dos primas, relaciones que plantean el amor entre hermanas como veremos a continuación.

Otro de los espacios o ventanas en que Eva Luna nos invita a sumergirnos y conocer otras posibilidades de sexualidad femenina es "un pueblo de fantasía, preservado en una burbuja donde el tiempo se había detenido y la geografía había sido burlada. Allí la vida transcurría como en los Alpes durante el siglo XIX" (*Eva* 85)[10]. Ya el Periquillo Sarniento contaba que existía una isla donde no había esclavitud cuando eso era algo utópico en su tiempo; entonces, ¿por qué no crear un pueblo donde *un ménage à trois* entre primos, los palmoteos de un tío, un guiso afrodisíaco para pensionistas sin pantalones, entre otros juegos, sean posibles? Las hermanas incluso planean casarse y mantener al primo de amante para no aburrirse, mas es Rolf quien se debate entre el deseo y "su propia severidad que lo inducía a considerar el matrimonio monógamo como el único camino posible para un hombre decente" (*Eva* 96). Esta inversión de los comportamientos sexuales tradicionales pone en evidencia la institucionalización de la heterosexualidad compulsiva y su control mediante el matrimonio. Por lo tanto, las muchachas tratan de seguir sus deseos dentro de las reglas sociales, de la misma manera en que lo hacen los varones, pero añadiendo el placer entre ellas, ya que algunas veces se turnaban y otras "se dormían en un nudo de miembros entrelazados" (95), recordándonos las pinturas de Hieronymus Bosch del *Jardín de las delicias* (1480-90).

Las primas de Rolf experimentan con la bisexualidad, según Cixous, "not as a denial of sexual difference, but as a lived recognition of plurality, of the simultaneous presence of masculinity and femininity within an individual subject . . . writing is a privileged space for the exploration of such non-hierarchically arranged bisexuality" (Sarup 111). La sexualidad así entendida, tiene más de acto creativo que de pornografía. Sin embargo, esto sólo puede suceder por ahora en un espacio utópico porque en el mundo real las mujeres no ocupan el mismo lugar de sujetos que los hombres, ni en el imaginario social, ni en los diversos ámbitos en que se mueven. Las mujeres tienen una historia de acoso y violencia al ser categorizadas de "witches, *femmes seules*, marriage resisters, splintsters, autonomous widows, and/or lesbians" (Rich "Compulsory"). Como Lillith o Melusina, ellas optan por formar familias distintas al matrimonio heterosexual, por lo que la sociedad las castiga. ¿Qué mujer independiente no ha sido llamada por alguno de estos nombres u otros peores, o aún sido ultrajada por salirse de las normas patriarcales? Mientras que los hombres se unen para salvaguardar su poder social mediante el amiguismo, las mujeres tienen que hacerse comadres para defenderse de la opresión masculina y la patriarcal defendida por otras mujeres.

En *Los cuentos de Eva Luna*, encontramos una historia de solidaridad y camaradería entre mujeres que ejemplifica muy bien lo que Rich denomina

the lesbian existence and lesbian continuum . . . to include a range –through each woman's life and throughout history– of woman-identified experience, not simply the fact that a woman has had or consciously desired genital sexual experience with another woman. If we expand it to embrace many more forms of primary intensity between and among women, including the sharing of a rich inner life, the bonding against male tyranny, the giving and receiving of practical and political support, if we can also hear it in such associations as marriage resistance and the 'haggard' behavior. ("Compulsory" 51)

Este concepto es ejemplificado en uno de *Los cuentos de de Eva Luna*. Es la historia de una muchacha, Concha Díaz, quien es embarazada por un hombre casado y abandonada a su suerte. Ella lo busca porque no tiene dónde ir, sin saber que él era casado y contaba con una familia. Al llegar de concubina, Antonia Sierra, la esposa legal, le declara la guerra. Sin embargo, al pasar los días, se da cuenta del gran sufrimiento de Concha y empieza a alimentarla cuando cae enferma porque ve en ella su reflejo de juventud y recuerda "las mismas violencias que ella soportó" (*Los cuentos* 59). Esta identificación con el Otro transforma su rabia en compasión y se hacen amigas. Cuando Concha tiene que dar a luz, nuevamente aparece el turco, personaje solidario que ayuda y resuelve los problemas en la serie de cuentos. El niño de esta nueva familia tiene nombres simbólicos: Riad, como el turco, Vargas, como su padre, y Díaz como su madre; sin embargo, crecerá cuidado por sus dos madres, Concha Díaz y Antonia Sierra, porque Vargas se convierte en el padrote humillado, asesinado por alguien del pueblo por no pagar sus deudas. Riad es el personaje omnipresente en las tres historias que analizamos y tiene un rol armonizador en la comunidad, como una diosa protectora de la antigüedad, cuyo ritual era la danza, y hasta recibe luego ofertorios de comida. El afecto de Antonia por Concha le da a ésta el valor de enfrentarse a su marido cuando quiere volver a acostarse con ella después de dar a luz, pues "se le fue encima con tal fiereza, que el hombre retrocedió, sorprendido. Esa vacilación lo perdió, porque ella supo entonces quién era el más fuerte" (60-61). Es decir, Antonia llega a conocer su valentía gracias a Concha. Luego del entierro de Vargas, "las dos mujeres siguieron viviendo juntas, dispuestas a ayudarse mutuamente en la crianza de los hijos y en las vicisitudes de cada día. [Como mujeres emprendedoras,] iniciaron una industria de comida [y] si sobraban porciones las dejaban en el mostrador del almacén, para que Riad se las ofreciera a los camioneros" (65).[11]

Otro tipo de sexualidad femenina alternativa está en "El palacio imaginado," donde una mujer casada se va a vivir con su amante, que luego también la abandona para dedicarse a la política, y ella se queda viviendo sola, pero acompañada de toda la comunidad amerindia que eran los fantasmas de esa casa. Ese palacio se convierte en la habitación propia que Virginia Woolf reconoce necesaria para el desarrollo de la creatividad femenina y tal vez lejos del control social, ya que "Marcia se sintió verdaderamente libre por primera vez en su existencia" (232). Sólo en un espacio surreal como éste o en los sueños la mujer no está bajo el panóptico de los estereotipos de la conciencia ni de los ojos patriarcales que la vigilan. De ahí que el arte sea un espacio fértil para la expresión del deseo femenino.

En *Afrodita* hay una pintura interesante de tres mujeres bailando sevillanas, una acuarela de 1975 de George Tooker titulada "Sevillanas". Ellas parecen representar a las tres Gracias o de la diosa Kali. Sus vestidos, las flores y el fondo del cuadro son rojos, color de la sensualidad, formando una amalgama, y como es un baile que se baila tanto con hombres como entre mujeres, es una representación del erotismo femenino desplegado entre mujeres y no sólo para el disfrute del varón. Del mismo modo, podemos observar que la mayoría de los cuadros son de cuerpos femeninos o de parejas y frutas que se asemejan a los genitales y formas femeninas. Puesto que un libro de cocina y cuentos lo comprarán más mujeres que hombres, hay que reconocer que la sexualidad femenina no es sólo heterosexual, por lo que los alimentos varían de hot-dogs a muchas peras, papayas, melocotones, etc. Las mujeres que se mantienen casadas y pasan de un matrimonio a otro, "como Dios manda", aunque no les funciona el modelo heterosexual, sólo evidencian la dependencia psicológica y emocional que crean las hormas sociales. El deseo femenino es múltiple y cambiante y sus manifestaciones han de ser opciones tan válidas como la heterosexualidad.

Además, es innegable toda la historia de rebeldía que encontramos en la cultura occidental desde la antigüedad, donde se empezó a recluir a las mujeres y darles el lugar de segundo sexo. En sus espacios marginales, ellas han venido creando una tradición de solidaridad y comadrazgo reflejado en cuentos de la cultura popular, no sólo en las letras, sino también en organizaciones de mujeres que cuentan sus historias mientras planchan, cocinan, tejen, cosen, pintan, bailan, tocan instrumentos, y sólo han podido escribir desde hace un siglo, salvo ciertas excepciones. Mientras algunas mujeres escriben de forma simbólica, otras lo hacen de forma semiótica.[12] La escritura de una identidad femenina estratégica se da por semiosis, según de Lauretis: "sexual identity is neither innate nor simply acquired, but dynamically (re)structured by forms of fantasy private and public, conscious and unconscious, which are culturally available and historically specific. [A] process joining subjectivity to social signification and material reality" (*The Practice* XIX), lo que implica una visión surrealista. Por lo tanto, los estudios culturales nos son ahora útiles para acercarnos a estas formas sensoriales e intuitivas de conocimiento y aprendizaje sobre las mujeres y su interconexión con los demás y el mundo. La escritura latinoamericana, según Sarduy, escritor surrealista, es barroca y ha de leerse por anamorfosis, pues tiene una perspectiva secreta, "oscuridad de las formas contenidas en otras formas, del disfrazamiento, falsa medida y verdad tergiversada, como después de un camuflaje o un travestismo" (29). Si lo barroco permitió la supervivencia del imaginario precolombino, el surrealismo revaloró su aproximación sensorial e intuitiva al conocimiento para expresar el deseo propio de un imaginario colonizado en la postmodernidad.

Como diría de Lauretis, se trata entonces de desarrollar "a theory of sexuality that takes into account the working of unconscious processes in the construction of female subjectivity" ("Sexual" 71). Elizabeth Grosz considera que todavía hay mucho que investigar sobre "the limits of knowing sex or knowing desire . . . a mode of rethinking one's own fantasies, of understanding oneself better, of understanding oneself in terms other than those which confirm the majoritarian heterosexist conception of desire, pleasure, and power" ("The Labors" Weed 309-10). Este trabajo espera haber dado algunas pistas en cuanto a los espacios en que el deseo femenino se desarrolla y se expresa, pues siendo plural y excesivo, sólo puede localizarse entre lo real y lo surreal. En Allende, el oriente representa un espacio abierto a lo sensorial y, por ende, perfecto para indagar sobre el placer femenino y el autoconocimiento; sin embargo, otros lugares latinoamericanos parecen cumplir con la misma función por estar orientalizados como permisivos y mágicos.

Conclusiones

Este estudio demuestra la importancia que adquiere la mujer como símbolo de lo marginal en el surrealismo, el feminismo y el postmodernismo. Estos tres ismos buscan crear un nuevo imaginario cultural, una alternativa utópica al llamado "fin de la historia" y a la crisis política experimentada por las sociedades postindustriales a lo largo del siglo XX. La mujer fue un símbolo de lo irracional para los surrealistas en general, y para Breton, en particular, una puerta giratoria que lo llevaba a distintos espacios o formas distintas de percibir el mundo. Del mismo modo, el descontento feminista con el orden social patriarcal y la condición postmoderna que identifica Lyotard lleva a la búsqueda de nuevas formas de organización social y a la creación de nuevos espacios. La deconstrucción derrideana de los viejos imaginarios culturales es un concepto postmoderno anticipado intuitivamente por la vanguardia surrealista y por el feminismo. Escofet y Allende, sin embargo, superan el rechazo de la lógica del surrealismo y el pesimismo del postmodernismo para crear nuevas formas de conocimiento con la esperanza de cambiar las estructuras sociales y las relaciones de género.

Josefina Ludmer afirma que las feministas utilizan las tretas del débil para subvertir el orden patriarcal usando las mismas estructuras que las oprimen. Encontramos que Escofet y Allende usan un eclecticismo metodológico y estilístico. Sus textos presentan las técnicas surrealistas, pero también existe una visión postmoderna en cuanto a la parodia de la realidad que se aleja del choque entre imágenes sin relación, como en el surrealismo. La parodia nos acerca más al realismo mágico, con sus exageraciones lúdicas para criticar los sistemas coloniales patriarcales en Latinoamérica, y el humor carnavalesco actúa como arma de defensa de los grupos subalternos. La escritura postcolonial de Latinoamérica presenta rasgos especiales en los textos feministas seleccionados para este estudio.

Los contrastes que se crean entre la visión patriarcal y la feminista no nos sorprenden, sino que sirven como pares deconstructivos de las macronarraciones que creíamos universales. Una de ellas es que el deseo femenino es complementario del deseo del varón, lo que ambas escritoras deconstruyen con un estilo que se torna híbrido, fragmentario, polifónico, aglutinante y quizás barroco, como diría Carpentier, quien también tuvo gran influencia surrealista. La escritura femenina busca un estilo propio a partir de la mímesis paródica y la yuxtaposición de estilos que tratan de reconceptualizar una sexualidad femenina excesiva y variada. Los textos de Escofet y Allende analizados en este estudio denotan en cada acto tres rasgos surrealistas y postmodernos en particular: la auto-reflexión, el diálogo con el doble u Otro y el énfasis en la percepción sensorial. Estos rasgos señalan la necesidad de la mujer de crear una identidad estratégica que le dé derecho a cumplir sus propios deseos a partir de sus experiencias, dentro de la subcultura a la que tuvo acceso, y luego de insertarlos como historias que también forman parte de nuestro imaginario cultural.

Según el análisis de *Arquetipos*, por ejemplo, Escofet auto-reflexiona sobre su identidad de género al dialogar con las cartas del tarot en un lenguaje simbólico alternativo usado por los surrealistas, quienes se interesaban en el ocultismo y la magia. La intuición la guía en este viaje al subconsciente, y al salir la carta del Emperador invertida, ella se siente observada y creada a partir de la mirada del patriarcado. Aparecen datos autobiográficos como, por ejemplo, que sus padres la llamaban Gustavita porque su madre deseaba un hijo varón. Ella encuentra que como mujer se le presentan modelos a seguir y recuerda que el modelo u arquetipo que le ofrecía su contexto argentino en la primera mitad del siglo XX era Evita Perón, una mujer criticada por ser una actriz sensual y de pueblo, pero a la cual el matrimonio con Perón limpió de toda culpa. Podría decirse que es similar al cuento de *La Cenicienta* que encuentra su príncipe azul, modelo de la institucionalidad del matrimonio heterosexual. No sucede así con su abuela Severiana, quien es forzada por su familia a casarse con un hombre que no ama y termina escamoteándole el cuerpo al marido porque amaba a un gitano. Severiana es la bruja de la familia; no es la mujer amada, sino la que activamente ama. Escofet percibe por estas imágenes el imaginario cultural al que pertenece y llega a la conclusión de que los arquetipos o modelos mentales que seguimos han de ser deconstruidos, ya que son constructos sociales que controlan la sexualidad femenina. Es decir que se crea una nueva epistemología a partir de la experiencia íntima de la mujer, que analiza su ser y estar en un mundo patriarcal.

En el segundo capítulo, observamos cómo Escofet y Allende crean un álter ego a través de sus personajes para deconstruir el arquetipo al que la sociedad atribuye todos los males: la mujer mala en los mitos de Eva y Lillith. Escofet lo hace con Bette Davis, el arquetipo de mujer mala en Hollywood, que viene a ser el arquetipo de Lillith, la primera esposa de Adán en versiones apócrifas del Génesis. Este es un constructo social creado por el discurso patriarcal para controlar la sexualidad femenina. Ella abandona a Adán porque no la deja ponerse sobre él en el juego amoroso, diciendo que ambos fueron hechos de barro, pero es castigada y se la recuerda como un monstruo. Dios crea luego a

Eva de una costilla de Adán, un arquetipo que simboliza la dependencia de la mujer del varón en todo sentido. Frente a este discurso, las reacciones feministas son la identificación con Lillith, como lo hace Escofet en el teatro con *¿Qué pasó con Bette Davis?*, o la deconstrucción de Eva y la creación de una nueva, tal como lo hace Allende en *Eva Luna* y *Los cuentos de Eva Luna*, a través de la picaresca y su mágico feminismo. Es un diálogo con el doble o arquetipo que conforma la identidad femenina, por eso ambas crean un distanciamiento brechtiano al dialogar con esta sombra de Lillith-Eva, percibiéndola como su Otro yo en un proceso de visualización en el espacio literario. Podría decirse que cuando la mujer opta por un modelo fuerte e independiente, que actúa por deseo propio, hace uso de una estrategia psico-política. Eva es una diosa en control del poder creador de la palabra, la cual emerge de su mundo imaginario y real para crear su identidad y su entorno. Eva materializa sus sueños y demuestra que existe una conexión entre el espacio surreal y el real y ésta es una estrategia de quien tiene autoestima y cree en sus sueños. En el último capítulo volvemos a desarrollar esta "treta del débil", como la llama Ludmer, para deconstruir la dicotomía del mal sexual y el bien asexual en Lillith-Eva.

En el tercer capítulo, ese Otro ya no es un álter ego, sino que ambas escritoras tienen una preocupación por los seres marginales de sus respectivos países que también son demonizados u orientalizados por clase, raza, edad, educación, tipo de empleo, etc. En el caso de Escofet, la escritora se interesa por los negros y los mapuches, a quienes dedica su texto *Mugres de la María y el negro*, mientras que Allende se preocupa por los mestizos y los indios en *La ciudad de las bestias*. Estos textos presentan un diálogo entre dos visiones del mundo igualmente válidas; sin embargo, la visión occidental trata de imponerse como universal. Aquí se hace evidente que el tema de género se entrecruza con las variables de raza y de clase. Las mujeres negras, de las que nos habla Escofet, experimentan el abuso del amo y luego el desprecio de los negros, porque el racismo y el clasismo las ubica en la categoría de prostitutas dentro de una estructura de consumo y utilitarismo. (Para las mujeres de clase, por lo general blancas, la dinámica de amo y esclavo varía según sean espacios públicos o privados). Allende, por otro lado, parodia los roles de género haciendo que sus personajes no se definan claramente como masculinos o femeninos e incluso muestra que las conductas impropias en el mundo occidental pueden ser de lo más naturales en otra sociedad con una visión distinta de género. Nadia es un personaje híbrido que quizás trate de borrar la discriminación por género, raza, clase, educación y edad, pues afirma que simplemente "es" y hace que se respeten sus diferencias.

En el último capítulo, el diálogo con el Otro se realiza en un espacio oriental, pero dentro de un nuevo orientalismo que no denigra al Otro. En éste se toma la sensualidad que se le atribuye al oriental como algo positivo, y se crea una ventana o una puerta que nos transporta a un espacio donde la sexualidad femenina puede ser fluida y múltiple. Los personajes orientales de Allende, en especial un turco, son clave para que la protagonista, Eva Luna, descubra el placer femenino. Encontramos un travestismo del turco con una niña oriental amiga de Allende, Shirley, que marcaría la trayectoria de la continuidad lésbica o solidaridad femenina de que habla Adrienne Rich. Este es el personaje más querido de Allende y aparece en los tres textos de este estudio, como epítome de la solidaridad, la amistad y el amor. Muchas historias de *Eva Luna* desarrollan este tema en otros personajes y muestran un afecto entre mujeres que ha servido para poder sobrevivir en un mundo patriarcal y que está inscrito en espacios literarios como estos y en mil y una historias más. Allende también nos lleva a otro espacio en que se ha recluido a la mujer, la cocina. Aquí vuelve a usar la treta de identificarse con un modelo de mujer poderosa: Afrodita. Es como una alquimista en la cocina y demuestra que el proceso de creación, a partir del deseo propio, no sólo lo ha realizado la mujer desde este espacio, sino también desde otros a través de actividades como tejer, coser, bailar, cantar, etc., espacios en los que se le ha permitido desarrollarse y que son denigrados por no ser científicos. El paralelo entre la comida y el erotismo se da en la creación de textos eróticos que tratan de representar el placer femenino de forma escrita. Las referencias a la orgía, la frecuente mención de líquidos cuando se habla del placer femenino descrito por las mujeres y el énfasis en el uso de todos los sentidos y la imaginación son rasgos que también aparecen en los textos de Hélène Cixous y de Luce Irigaray, feministas francesas que han teorizado sobre *la jouissance* y *l'écriture féminine*. Se plantea un rescate de la cultura dionisíaca en un mundo apolíneo, como afirmaba Friedrich Nietzsche y más tarde los surrealistas, pero con una perspectiva feminista postmoderna.

La reconceptualización de la sexualidad femenina como múltiple y fluida tiene su expresión en la escritura y otras manifestaciones culturales que deben ser estudiadas más a fondo. Esta investigación aporta la identificación de tres características en la escritura del deseo femenino: la auto-reflexión, el diálogo con el doble u Otro y el énfasis en la percepción sensorial. Por lo tanto, se trata de textos surrealistas, postmodernos y feministas por ser híbridos, por hacer alusión a los sentidos y porque su hipertextualidad los hace polifónicos y abiertos a la creación constante de nuevos significados. Hasta donde tenemos entendido, no hay otro estudio que haya analizado el uso del subconsciente, de los sentidos y de la representación de roles sociales en combinación con las teorías psicológicas y postcoloniales de la otredad para comprender la opresión de la sexualidad femenina a través de arquetipos o constructos sociales reflejados en nuestra expresión cultural. Este libro, pionero en este campo, es una invitación a futuras investigaciones sobre los estudios hispánicos feministas culturales.

Notas

Introducción

1. Para Suleiman, *Nadja* es un texto híbrido, "combining fiction, autobiography, case history, photographic essay, and literary manifesto. Collage . . . combinig heterogeneous verbal, visual, and tactile elements" (*Subversive* 149). Es importante señalar que los textos que analizamos en este estudio también provocan la auto-reflexividad a través de los sentidos y son híbridos, especialmente *Afrodita*.

2. Margaret Gates Frohlich afirma al respecto que del mismo modo en que la escritura se usó como forma de legitimización y liberación para crear la identidad latinoamericana en el siglo XIX, las mujeres que quieren liberarse del patriarcado también lo hacen y del mismo modo que Doris Sommer lo indica en *Foundational Fictions: The National Romances of Latin America* (1991), hablando del amor entre mujeres. Ella encuentra que "often times female protagonists fall in love with women via written communication (89). La solidaridad femenina en su máxima expresión es en el amor.

3. De acuerdo a Suleiman, existe hoy un llamado "to invent both a new poetics and a new politics, based on women's reclaiming what had always been theirs but had been usurped from them: control over their bodies and a voice with which to speak about it . . . to rewrite and rethink the female body and female sexuality" ("(Re)Writing" 8-9). Es una tendencia muy fuerte de las escritoras contemporáneas.

Capítulo 1: Surrealismo, postmodernismo y feminismo

1. En un estudio transatlántico sobre la presencia de este dios azteca en *Nada* de Carmen Laforet, encontré que la protagonista expresa veladamente sus relaciones homo-eróticas y las de otros miembros de su familia, al mismo tiempo que denuncia los males de la guerra civil española. Ver: Clark, Zoila. "Los sacrificios a Xochipilli en *Nada* de Carmen Laforet" *Feminaria Literaria* 19.30-31 (2007): 121-25.

2. D. H. M. Brooks señala que el ser humano tiene "two self-reflexive consciousness within a single mind. This means that a split in self-reflexive consciousness does not imply that there are two minds" (142). Considerando la doble moral y todos los pares binarios en los que se ubica a la mujer como ser inferior al varón, esta división de conciencias puede ser también utilizada como una habilidad contestataria a la fijación de tal ubicación y plantear la fluidez de las identidades a partir de la deconstrucción de los mismos binarismos que nos oprimen en tanto a género, raza, clase, edad, etc.

3. Escofet usa el término "atravesar" intercambiándolo con "mirar a través" y "traspasar" para indicar el ver más allá de lo que las máscaras o arquetipos aparentan significar. A partir de ahí sugiere: "introducir modificaciones en nuestro actual marco de representaciones. Ver en qué medida nos constituyen las diosas [por ejemplo] y en qué medida modificarlas, destruirlas, polemizarlas, convivirlas, pulverizarlas, traspasarlas, acunarlas, transformarlas, olvidarlas, soslayarlas, escucharlas, desoírlas, enmudecerlas, castigarlas" (71-2).

4. Para Kristeva "la ley del padre" se refiere al mundo simbólico y lingüístico en el que entramos cuando conocemos el lenguaje. Estas estructuras simbólicas son patriarcales, como indica Escofet.

5. El viaje del héroe, que por lo general es la historia de crecimiento de un varón o un *bildungsroman* en literatura, es para Escofet un viaje que toda mujer debe realizar para encontrarse a sí misma y auto-rescatarse de los arquetipos. Tal viaje tiene las etapas de separación, iniciación y retorno.

6. Según el mito judío de los libros apócrifos, por ejemplo, en el Talmud, Lillith aparece como la primera esposa de Adán, hecha de barro como él. Como no acepta el coito en la posición de misionario que le impone Adán, lo abandona. Dios la manda buscar, pero ella decide no regresar y como castigo es convertida en demonio que mata a los niños y seduce a los hombres. Por lo tanto, este mito hace historia de la rebeldía femenina que defiende su placer sexual. Charles Alexander Moffat sostiene que Lillith es un arquetipo del miedo masculino de las mujeres dominantes. Adrienne Rich, como judía, encuentra la existencia y la continuidad lesbiana en mujeres trasgresoras como Lillith. Sin embargo, en el catolicismo, Lillith encuentra su castigo en Eva y su redención en la Virgen María. Según Demetra George, Lillith: "the dark phase of the lunar cycle holds all that cannot be seen with the waking eye or undestood by the rational mind" (5). Es decir que lo surreal o inconsciente es projectado de forma negativa:

> As the conscious ego rejects and denies the experiences and wisdom of the dark phase, these contents grow to embody our worst fears and asume the frightening form of the demonic shadow in individuals and society. Society's attitudes toward people of color, woman's sexuality, the occult, the unconscious, the psychic arts, the aged, and death itself are all manifestations of these fearful dark moon projections. (5)

Para más información sobre Lillith ver: www.lillithgallery.com/library

Capítulo 2: La propuesta de trascender el mal

1. Uso la palabra mal para describir todo aquello que se sale de las normas sociales de comportamiento de acuerdo a las categorizaciones estereotipadas en base a género, edad, raza, clase, nacionalidad etc. Las clasificaciones del mal y del bien son subjetivas, pero todos sabemos muy bien que hay que comportarse como lo que se espera de uno,

según los patrones sociales. Es lo primero que se les enseña a los niños mediante el refuerzo o castigo de sus conductas.

2. Allende afirma que en *Los cuentos* hay historias que fueron como una premonición. Por ejemplo, "De barro estamos hechos" está basada en una catástrofe que sucedió en Colombia en 1985 y ella tuvo una conexión con la niña que trataban de rescatar, al verla por televisión, pero invierte los roles y es Rolf quien se conecta con ella y trata de salvarla. Sin embargo, es ella quien experimentó en su subconsciente la muerte de una niña en sus brazos y confiesa lo siguiente: "That man helping her into death is me helping my daughter into death. I always make that connection: through the writing and through things that happen in your life, you are aware, you can see what is going to happen. . . . So I try to be open to these lessons, to these teachings that make me more aware' (Goggans 164). Como podemos observar, ella suele travestir los hechos y cambiar las perspectivas para verse al contemplar al Otro en acción, aquí es cuando la realidad y la magia se juntan y los marcos temporales y espaciales convergen en su relación con el mundo de forma sincrónica.

3. Frey-Rohn nos recuerda que Jung enfatiza la sombra como el problema moral por excelencia. "This holds good for the personal as well as for the archetypal shadow . . . the transgressor of the law" (Abrams & Zweig 266). Es decir que Bette Davis es el arquetipo de Lillith y la sombra de culpabilidad sexual que recae en toda mujer. Otto Rank dice al respecto en *El doble* que "the literal shadow we cast is internalized symbolically as a living expression of the soul's involvement with good and evil. . . . Our perception of evil is imposed on us by the conflict between what we hope life would be and what it actually is" (Abrams & Zweig 165-66). Si las mujeres rechazan el patriarcado, es obvio que pasan a ser malas dentro de esta dinámica de la realidad como dualidad.

4. Jennifer Taylor, B. Mus sostiene que Sarah McLachlan, fundadora de Lilith Fair, usa parte del mito "that she thought could best guide women in their lives. The original story, then, is rewritten in a manner that removes tradicional stereotypes that link women with notions of evil and frames the story solely around Lilith's act of resistance" (11). Éste es exactamente el significado del símbolo de Lillith que Escofet y Allende otorgan a sus protagonistas fuertes. Lillith se convierte así en el modelo de resistencia a la horma patriarcal con la que se intenta trocar a las mujeres en seres sumisos y dependientes.

5. Bette Davis fue rechazada y criticada por su propia hija, B. D. Hyman, quien era una "born-again christian" americana que la demanda por no ser una buena madre al ser una mujer profesional, independiente que se casó muchas veces. Las cualidades de su madre son demoníacas en el entorno religioso que ella adopta. La religión juega un papel importante en el control de la sexualidad femenina. Las mujeres que cuestionan la ortodoxia judía, por ejemplo, rescatan a Lillith como modelo. Ver: *The Coming of Lillith* by Judith Plaskow, *La primera fue Lilith* by Magda Simola & Magda Simola & Lydia Sansoni, entre otras feministas judías.

6. La picaresca es un género muy dado a la auto-reflexión y la búsqueda de la identidad a partir de la recuperación de la memoria. El texto Eva Luna es también un bolero, doble como su protagonista que se crea como escritora. Es un texto emotivo con sensibilidad musical, porque las canciones nos recuerdan la intrahistoria no contada. Tia de Nora considera que "reliving experience through music is also (re)constituting past experience, it is making manifest within memory what may have been latent . . . music provides a device of prosthetic biography" (Bennett, Shank, Toynbee 134). Es decir el bolero nos recuerda eventos de nuestras vidas y la recordamos y cambiamos a nuestro gusto, haciendo una historia propia a partir de la auto-reflexión.

7. Melusina es, según los estudios antropológicos de Campagnolo and Martiniani-Reber, "the Northern avatar of the goddess of love, [she] takes the place of Aphrodite.

Recent research on multilingualism and multiculturalism in Medieval Cyprus [prove this] (XIV-XV)." Si bien Allende usa esta imagen para Melesio por ser travesti y lo abyecto de la sociedad, también lo está asociando a las divinidades paganas femeninas venidas a menos durante el cristianismo. La grotesca apariencia de Melusina como mujer alada con cola de serpiente fue también un símbolo Surrealista. En ella alterna el vuelo de la imaginación creativa y su retorno al mundo terrenal y táctil en su forma serpentina. Maria Luisa Bombal, surrealista chilena, parece haber pensado en Melusina al describir a Yolanda con pies de serpiente y un muñón de ala en la espalda en "Las islas nuevas" (1935).

Capítulo 3: Del exotismo surrealista al diálogo surreal-postmoderno

1. Según Authur O. Lovejoy y George Boas, el primitivismo cultural es una ideología cultural sobre "the dissatisfaction of the civilized with complex civilization, of the modern with sophisticated modernity, the attitude that a more natural and elementary life offers greater freedom and moral plenitude. [Cultural primitivists] are granted the opportunity for evasion, for a refuge, real or imagined, where they might recapture the simple life of old" (Camayd-Freixas, *Primitivism* viii).

2. Desde el siglo XIX las novelas funcionan como alegorías de conciliación del mestizaje nacional. "It is the erotic rhetoric that organizes patriotic novels. With each obsessive effort to be free of the positivist tradition in which national projects (were) coupled with productive heterosexual desire, a continuing appeal is *reinscribed* in the resistant Boom." (Sommer 3) La novela de la selva La Vorágine de José Eustacio Rivera y la novela de la tierra *Doña Bárbara* de Rómulo Gallegos son ejemplos de novelas fundacionales.

3. En el capítulo 16, "El agua de la salud," Alex baja "por un pasaje angosto hacia el vientre de la tierra" (223) para sacar el agua medicinal que salvará a su madre del cáncer. Su propósito es salir para actuar en la realidad problemática que enfrenta, intención que difiere del escapismo de las novelas fundacionales.

4. Walimai es el protagonista de un cuento del mismo nombre en *Los cuentos de Eva Luna* (1990). Ahí se nos dice que la esposa fantasma, que lo acompaña siempre en *La ciudad de las bestias,* en vida había estado encadenada al suelo y había sido violada reiteradamente por caucheros, hasta que él la liberó quitándole la vida. Esta mujer-tierra queda agradecida a su "salvador" y ambos se enamoran, por lo que en la presente novela Walimai tiene una esposa viva y otra etérea, que es parodia de la mujer pura y espiritual.

5. Edward W. Said define el orientalismo de la siguiente manera: "Orientalism as a Western style for dominating, restructuring, and having authority over the Orient. . . . To believe that the Orient was created —or as I call it, 'Orientalized'— and to believe that such things happen simply as a necessity of the imagination, is to be disingenuous. The relationship between Occident and Orient is a relationship of power, of domination, of varying degrees of complex hegemony" (3-5).

6. Las mujeres que no reciben educación formal transmiten conocimientos oralmente a través de cuentos, como lo confirma Gabriel García Márquez, diciendo que fue de su abuela de quien aprendió a contar cuentos. Rigoberta Menchú, entre otras mujeres, hoy en día están reclamando que su voz sea parte de los procesos históricos de la humanidad.

7. La voz mimética de *La ciudad de las bestias* puede hacer eco de las novelas fundacionales, pero, como afirma Butler, se convierte en un nuevo discurso: "The voice

that emerges 'echoes' the master discourse, but this echo nevertheless establishes that there is a voice, that some articulatory power has not been obliterated, and that it is mirroring the words by which its own obliteration was to have taken place. Something is persisting and surviving, and the words of the master sound different when they are spoken by one who is, in the speaking, in the recitation, undermining the obliterating effects of his claim" (*Undoing* 201).

Capítulo 4: Lo sensorial e instintivo como forma de conocimiento

1. La formación estratégica, para Said, " is a way of analyzing the relationship between texts and the way in which groups of texts, types of texts, even textual genres, acquire mass, density, and referential power among themselves and thereafter in the culture at large" (20). Es la formación ideológica que el autor trae a su texto. En cambio, la ubicación estratégica no es un lugar físico, sino

is a way of describing the author's position in a text with regard to the Oriental material he writes about . . . this location includes the kind of narrative voice he adopts, the type of structure he builds, the kinds of images, themes, motifs that circulate in the text –all of which add up to deliberate ways of addressing the reader, containing the Orient, and finally, representing it or speaking in its behalf. (20)

2. *Danse du ventre*, *belly dance* y danza del vientre son algunas de las denominaciones orientalistas que el mundo occidental le ha dado a una danza religiosa del culto a la fertilidad que se practicaba en templos de sociedades matriarcales del norte de África y de Asia. El patriarcado del medio oriente lo convierte luego en entretenimiento y llega a América en el siglo XIX. Desde la década de 1960 existen escuelas de baile oriental en Estados Unidos, creándose una gran variedad de fusiones con otros estilos de baile.

3. de Lauretis considera que "ironically, since one way of escaping gender is to so disguise erotic and sexual experience as to suppress any representation of its specificity, another avenue of escapade leads the lesbian writer fully to embrace gender, if by replacing femaleness with masculinity" ("Sexual" 55). Butler consideraría esto una forma subversiva de performancia de géneros que se hace posible en el espacio de la ficción, como en los carnavales que seguimos celebrando, según Bajtín.

4. Si Allende hubiese vivido en el siglo diecinueve, entonces sí hubiese tenido que usar un velo y mantón, aún habiendo nacido en Chile. La permanencia árabe en España duró unos setecientos años, mucho más tiempo que el período colonial latinoamericano. Por lo tanto, la segregación de mujeres y el maltrato emocional y físico de las mujeres, a veces llegando al asesinato, es alto primero en España y luego Latinoamérica, casi como en los países árabes. La música y el baile español folklórico se aproxima más al árabe que el latinoamericano, por la permanencia de los pueblos gitanos al sur de la península. Curiosamente, las tapadas decimonónicas solían usar los mantones para no ser reconocidas y salir a escondidas: in the 17th Century they were singled out tapadas for their veiled threat to moral and civic order (Silverblatt y Mignolo 167-70). El mismo instrumento de su opresión era transformado en uno de liberación. Para mayor información sobre las tapadas en Chile ver: *Journal of a Residence in Chile During the*

Year 1822, and a Voyage from Chile to Brazil in 1823 by María Graham y María Callot. Charlottesville and London: University of Virginia Press, 2003.

5. Ivaldo   Bertazzo, estudioso de las danzas orientales con fines terapéuticos, sostiene que "the dialogue between East and West is developed not only by patterns of movement, but especially by their organizations in space and time in the body forms . . . feeling permeates all Oriental cultures: the question of sharing space, of discovering and internal order within the collective order. From the body and its motion there arises the dialogue with others and with oneself" (Dance 144). Todo este aprendizaje es algo que aflora en la escritura de Allende: el diálogo en un espacio compartido con el Otro, sea éste el patriarcado, el oriental, los amerindios, su álter ego, es decir la auto-reflexión y la importancia de las percepciones del cuerpo y las emociones como formas de conocimiento.

6. Enrique Salgado considera que, si por un lado, "lo erótico penetra en nosotros y nos seduce a través de los sentidos", por otro lado, "los sentidos alucinan a la mente con el espectáculo de un mundo exterior que nos es dado con la sensación, y conforme es dado es comprendido" (79). Por lo tanto, uno conoce el mundo a partir de sensaciones eróticas que son imaginadas y experimentadas como reales por reacciones físicas.

7. La estructura de yuxtaposición surrealista de opuestos para demostrar que no hay jerarquías, también tiene su paralelo en la filosofía Sufi de Ibn Arabi, quien define así el paraíso. Almond encuentra que "a delight in juxtaposing opposites and showing how, differently understood, they may actually mean the same thing; an awareness that identity and meaning is somehow tied to relationships —and an understanding of the apparent meaninglessness of things outside these relationships [is like] unveiling the divine abyss" (105). El experimentar una perspectiva feminista también tiene el efecto de distanciamiento reflexivo que le quita sentido al orden aparentemente natural de la sociedad patriarcal.

8. La escritura no siempre es lingüística, pues "Kamenszain associates all types of chores at home, like cooking, cleaning, weaving, and sewing as metaphoric actions for writing in general" (Dulfano 69). Una pícara como Eva aprende a escribir en todos estos lenguajes y al descubrir la escritura con símbolos lingüísticos, sus cuentos transmiten aquel aprendizaje semiótico que realiza y nos ofrece una nueva escritura muy cercana a las sensaciones corporales y representaciones simbólicas subconscientes de su percepción de sí misma y del mundo.

9. Este travestismo muestra a través del contraste surrealista de togas y vinchas, y el exceso irracional en la vestimenta y la conducta, que nuestra identidad cultural está formada por todas esas apropiaciones extranjeras. Éramos y somos pícaros travestis al desenmascarar las estructuras sociales que nos han colonizado. En el caso de la mujer, es más evidente, pues Escofet pone en boca de Bette Davis la siguiente pregunta: "¿He sido más mujer o más actriz?" (159). El drama de vida de la mujer feminista, según Escofet, parece haber estado ceñido al arquetipo de la mujer mala, como un disfraz.

10. Este paraíso podría ser la colonia Tovar en Venezuela. Está situada a 60 kilómetros al oeste de Caracas y tiene características germánicas, ya que fue fundada por alemanes en 1843 y se mantuvo aislada hasta 1960. Allende vive ahí unos años cuando tiene que abandonar Chile por causa de la dictadura militar, y escribe *Eva Luna* en ese período. Gálvez-Carlisle ha encontrado una serie de datos históricos del pueblo venezolano en Eva Luna entre 1910 y 1968 (170), pero no hace mención de éste. Sin embargo, es muy posible que haya sido su inspiración o que se trate de otro caso de sincronía en los textos de Allende. En el capítulo uno citamos este tipo de experiencias de una de sus entrevistas.

11. Otro texto previo de Allende que ya ejemplifica esta solidaridad entre mujeres es *La casa de los espíritus* (1985). Asimismo, cabe resaltar que esta temática aparece también en el cine, como en *Sin dejar huella* (2000) de María Novaro.

12. Estelle B. Freeman ha demostrado que "Not only through words but also in their images, performances, and crafts, women throughout the world are reclaiming a heritage of creativity, exploring the female imaginary in all its forms" (312-13). Ella identifica en los *bildungsromans* historias de emancipación, por lo que Eva Luna calificaría como novela de crecimiento dentro de la picaresca, del mismo modo que pasó con la primera novela latinoamericana, *El Periquillo Sarniento* (1816). Cabe mencionar que en lugar de buscar adaptarse a las normas sociales patriarcales, Eva las parodia y busca conocerse para crearse un mundo propio.

Bibliografía

Abrams, Jeremiah & Connie Zweig. *Meeting the Shadow: The Hidden Power of the Dark Side of Human Nature*. New York: Penguin Putnam, 1991.

Allende, Isabel. *Afrodita: cuentos, recetas y otros afrodisíacos*. New York: Harper-Collins, 1998.

——. *Eva Luna*. New York: Harper-Collins Publishers, 1995.

——. *La isla bajo el mar*. New York: Vintage, 2009.

——. *Los cuentos de Eva Luna*. New York: Harper-Collins Publishers, 1995.

——. *La casa de los espíritus*. New York: Harper-Collins Publishers, 1995.

——. *La ciudad de las bestias*. Buenos Aires: Editorial Sudamericana, 2002.

——. "Mis líos con el sexo". *Voces femeninas de Hispanoamérica. Antología*. Ed. Gloria Bautista Gutiérrez. Pittsburgh: University of Pittsburgh Press, 1996. 241-48.

——. "Writing As an Act of Hope." *Paths of Resistance: The Art and Craft of the Political Novel*. Boston: Houghton Mifflin Company, 1989. 41-63.

Almond, Ian. *Sufism and Deconstruction: A Comparative Study of Derrida and Ibn 'Arabi*. London and New York: Routledge, 2004.

Altshuler, Ira M. "A Psychiatrist's Experiences with Music as a Therapeutic Agent." *Music and Medicine*. Ed. Dorothy M. Schullian and Max Schoen. New York: Books for Libraries Press, 1971. 266-81.

Arango L. , Manuel Antonio. "El feminismo y la propuesta político-social en *La casa de los espíritus* de Isabel Allende". *Iris* Université Montpellier III (2000): 5-15.

Barthes, Roland. "Death of the Author." *Image, Music, Text*. Trad. Stephen Heath. New York: Hill and Wang, 1978.

——. *Mitologías*. Trad. Hector Schmucler. Buenos Aires: Siglo Veintiuno Editores, 2003.

Bartra, Roger. *The Cage of Melancholy*. Trans. Christopher J. Hall. New Brunswick: Rutgers University Press, 1992.

Beardsell, Peter. *Europe and Latin America: Returning the Gaze*. Manchester & New York: Manchester University Press, 2000.

Beauvoir, Simone de. "Mitos". *El segundo sexo*. Trad. Juan García Puente. Buenos Aires: Editorial Sudamericana, 1999. 139-202.

Benjamin, Jennifer y Sally Engelfried. "Magical Feminist." *Conversations with Isabel Allende*. Austin: University of Texas Press. 1999. 383-97.

Bennett, Andy, Barry Shank, and Jason Toynbee. *The Popular Music Studies Reader*. London and New York: Routledge, 2006.

Berkowitz, Charlotte A. "Paradise Reconsidered: Hélène Cixous and the Bible's Other Voice." *Religion in French Feminist Thought*. New York: Routledge, 2003. 176-88.

Bhabha K. Homi. *The Location of Culture*. New York: Routledge, 1994.

Boal, Augusto. *The Rainbow of Desire: The Boal Method of Theater and Therapy*. New York: Routledge, 1995.

Bornay, *Las hijas de Lilith*. 5ta ed. Madrid: Ensayos Arte Cátedra, 2004.

Breton, André. *Manifestes du surrealisme*. Ed. Jean-Jacques Pauvert. Bordeaux: Imprimerie Delmas, 1962.

Brooks, D. H. M. "Irrationality and the Splitting of the Self." *The Unity of the Mind*. New York: St. Matin's Press in Association with the Scots Philosophical Club, 1994. 116-42.

Butler, Judith. *Bodies that Matter: On the Discursive Limits of Sex*. New York: Routledge, 1993.

——. *Gender Trouble: Feminism and the Subversión of Identity*. New York: Routledge, 1999.

——. *Undoing Gender*. New York: Routledge, 2004.

Caballero Guiral, Juncal. *La mujer en el imaginario surreal. Figuras femeninas en el universo de André Breton*. Castelló de la Plana: Publicacions de la Universitat Jaume, 2002.

Calvera, Leonor. *El género mujer*. Buenos Aires: Editorial de Belgrano, 1982.

Camayd-Freixas, Erik. "Introduction: The Returning Gaze." *Primitivism and Identity in Latin America*. Ed. Erik Camayd-Freixas & José Eduardo González. Tucson: The University of Arizona Press, 2000. vii-xix.

——. *Realismo mágico y primitivismo: relecturas de Carpentier, Asturias, Rulfo y García Márquez*. Lanham: University Press of America, 1984.

Campagnolo, Matteo and Marielle Martiniani-Reber. *From Aphrodite to Melusine: Reflections on the Archaeology and the History of Cyprus*. Trans. Erika Milburn. Geneva: La Pomme d'Or, 2006.

Camps, Victoria y Amelia Valcárcel. *Hablemos de Dios*. Madrid: Taurus, 2007.

Capra, Fritof. *The Tao of Physics: An Exploration of the Parallels between Modern Physics and Eastern Mysticism*. Berkeley: Shambhala, 1975.

Carter, Angela. "Introducción". *Niñas malas, mujeres perversas. Una antología de relatos (Selección de Angela Carter)*. Trad. Marita Oses. Buenos Aires: Editorial Sudamericana, 1989. 7-10.

——. *The Sadeian Woman and the Ideology of Pornography*. New York: Pantheon Books, 1978.

Castellanos, Rosario. *Balún Canán*. México, D. F. : Fondo de Cultura Económica, 2004.

Castellví deMoor, Magda. *Dramaturgas argentinas: teatro, política y género*. Mendoza: Universidad Nacional de Cuyo, 2003.

Castilla del Pino, Carlos. *La alienación de la mujer*. Madrid: Editorial Ciencia Nueva, 1968.

——. *Teoría de los sentimientos*. 2da ed. Barcelona: Fabula Tusquet Editores, 2003.

Castro, Donald S. *The Afro-Argentine in Argentine Culture*. New York: The Edwin Mellen Press, 2001.

Cela, Camilo José. *La familia de Pascual Duarte*. Barcelona: Ediciones Destino, 1999.

Cixoux, Hélène. "Castration or Decapitation." *Out There: Marginalization and Contemporary Cultures*. Ed. Russell Ferguson, Martha Gever, Trinh T. Minh-ha, and Cornel West. New York: The New Museum of Contemporary Art, 1990.

——. "The Laugh of the Meduse." *New French Feminisms: An Anthology*. Ed. Marks, Elaine e Isabelle de Courtivron. New York: Schocken Books, 1981.

——. "Three Steps on the Ladder of Writing." *The Hélène Cixous Reader*. Ed. Susan Sellers. New York: Routledge, 2004. 199-205.

Cixous Hélène and Catherine Clément. *The Newly Born Woman*. Minneapolis: Uviversity of Minnesota Press, 1988.

Cixoux, Hélène and Jacques Derrida. *Veils*. Trans. Geoffrey Bennington. Stanford: Stanford University Press, 2001.

Childers, Joseph and Gary Hentzi. *Columbia Dictionary of Modern Literary Cultural Criticism*. New York: Columbia University Press, 1995.

Choucha, Nadia. *Surrealism & the Occult: Shamanism, Magic, Alchemy, and the Birth of an Artistic Movement*. Rochester: Destiny Books, 1992.

Clark, Zoila. "Entrevista a Cristina Escofet: mujer, filosofía y nuevos paradigmas entre la razón y la intuición". *Hispanet Journal* 1.1 (2008) [Sin paginación].

Coddou, Marcelo. *Para leer a Isabel Allende: introducción a la casa de los espíritus*. Concepción, Chile: Literatura Americana Reunida, 1988.

Conley, Katharine. *Automatic Woman: The Representation of Woman in Surrealism*. Lincoln and London: University of Nebraska Press, 1996.

Correas Zapata, Celia. *Isabel Allende: vida y espíritu*. Barcelona: Plaza & Janés Editores, 2001.

Dance on 1997. *International Dance Conference: The Value of Dance in the Contemporary World Papers and Abstracts*. Hong Kong: Hong Kong Arts Development Council,1997.

Deifelt, Wanda. "Beyond Compulsory Motherhood." *Good Sex: Feminist Perspectives from the World's Religions*. New Jersey: Rutgers University Press, 2001.

de Lauretis, Teresa. "Sexual Indifference and Lesbian Representation." *Figures of Resistance: Essays in Feminist Theory*. Urbana and Chicago: University of Illinois Press, 2007, 48-71.

——. *The Practice of Love: Lesbian Sexuality and Perverse Desire*. Bloomington and Indianapolis: Indiana University Press, 1994.

Del Toro, Fernando. "La(s) teatralidad(es) postmoderna(s), simulación, deconstrucción y escritura rizomática". Alfonso de Toro (ed). *Postmodernidad y postcolonialidad: breves reflexiones sobre Latinoamérica*. Madrid: Iberoamericana, 1997. 177-204.

Díaz, Cassandra Shannon. *Feminism and Human Rights in the Short Stories of Isabel Allende*. Thesis (M. A.) Baylor University Press, 2000.

Díaz del Castillo, Bernal. *Historia verdadera de la conquista de la nueva España*. Barcelona: Planeta, 1992.

Dulfano, Isabel. "Feminist Strategies in the Work of Isabel Allende." *Dissertation*. Yale University, 1993.

Durozoi, G. and B. Lecherbonnier. *André Breton: la escritura surrealista*. Madrid: Ediciones Guadarrama, 1976.

Earle, Peter. "De *Lazarillo* a *Eva Luna*: metamorfosis de la picaresca". *Nueva Revista de Filología Hispánica* 36. 2 (1988): 987-96.

Elam, Diane. *Feminism and Deconstruction*. New York: Routledge, 1994.

Escofet, Cristina. *Arquetipos, modelos para desarmar: palabras desde el género*. Buenos Aires: Editorial Nueva Generación, 2000.

——. *Mugres de la María y el negro*. Inédito.

——. "Nosotros, los otros, los hijos del silencio. Prólogo". Inédito.

——. *Tres obras de teatro de Cristina Escofet*. Buenos Aires: Editorial Nueva Generación, 2001.

Fabian, Johannes. *Time and the Other: How Anthropology Makes Its Object*. New York: Columbia University Press, 1983.

Feuerstein, Georg. *Sacred Sexuality: The Erotic Spirit in the World's Great Religions*. Vermont: Inner Traditions, 2004.

Fredman, Estelle. "New Words and Images: Women's Creativity as Feminist Practice." *No Turning Back: The History of Feminism and the Future of Women*. New York: Ballantine Books, 2002.

Flax, Jane. "The Conflict between Nurturance and Autonomy in Mother-Daughter Relationships and within Feminism." *Feminist Studies* 4 (June 1978): 171-89.

Foster, David William. *Queer Issues in Contemporary Latin American Cinema*. Austin: University of Texas Press, 2003.

Foucault, Michel. *Vigilar y castigar: nacimiento de la prisión*. Buenos Aires: Siglo XXI, 2002.

Frohlich, Margaret G. *Framing the Margin: Nationality and Sexuality across Borders*. Tempe: La Asociación Internacional de Literatura y Cultura Femenina Hispánica, 2008.

Fuentes, Carlos. *El espejo enterrado*. Ciudad de México: Fondo de Cultura Económica, 2007.

Gabilondo, Joseba. "The Subaltern Cannot Speak But Performs: Women's Public and Literary Cultures in Nineteenth-Century Spain." *Hispanic Research Journal* 5.1 (2003): 73-95.

Galvez-Carlisle, Gloria. "El sabor picaresco en *Eva Luna*". *Critical Approaches to Isabel Allende's Novels*. New York: Peter Lang Publishing, 1991. 165-77.

García Canclini, Néstor. *Hybrid Cultures: Strategies for Entering and Leaving Modernity*. Mineapolis & London: University of Minnesota Press, 2005.

Gargallo, Francesca. *Ideas feministas latinoamericanas*. Ciudad de México: Universidad Autónoma de la Ciudad de México, 2006.

George, Demetra. *Mysteries of the Dark Moon: The Healing Power of the Dark Goddess*. New York: Harper Collins Publishers, 1992.

Gilbert, Sandra M. y Susan Gubar. *La loca del desván. La escritora y la imaginación literaria del siglo XIX*. Trad. Carmen Martínez Gimeno. Madrid: Ediciones Cátedra, 1984.

Goggans, Jan. "Something Magic in the Storytelling." *Conversations with Isabel Allende*. Austin: University of Texas Press, 2004. 149-67.

Gómez, María Asunción. "Reseña: Cornejo-Parriego, Rosalía. *Entre mujeres. Política de la amistad y el deseo en la narrativa española contemporánea*". *Letras Femeninas* 34. 2 (2008): 246-49.

Gray, Frances. *Jung, Irigaray, Individuation: Philosophy, Analytical Psychology, and the Question of the Feminine*. New York: Routledge, 2008.

Grosz, Elizabeth. *Sexual Subversions: Three French Feminists*. Crows Nest: Allen and Unwin, 1989.

——. "The Labors of Love. Analyzing Perverse Desire: An Interrogation of Teresa de Lauretis The Practice of Love. Beyond Phallic Desire." *Feminism Meets Queer Theory*.

Ed. Elizabeth Weed and Naomi Schor. Bloomington and Indianapolis: Indiana University Press, 1997. 292-314.

Hart, Patricia. "Magic Feminism in Isabel Allende's *The Stories of Eva Luna*". *Multicultural Literatures through Feminist/Poststructuralist Lenses*. Ed. Barbara Frey Waxman. Knoxville: University of Tennessee Press, 1993. 103-36.

Heidegger, Martin. El ser y el tiempo. Trad. José Gaos. Buenos Aires: Fondo de Cultura Económica, 2006.

Hill Collins, Patricia. *Black Feminist Thought: Knowledge, Consciousness, and the Politics of Empowerment*. 2nd ed. New York: Routledge, 2000.

Hooks, Bell. *Feminism is for Everybody. Passionate Politics*. Cambridge: South End Press, 2000.

Hutcheon, Linda. *A Theory of Parody: The Teachings of Twentieth-Century Art Forms*. New York: Methuen, 1985.

Irigaray, Luce. *Thinking the Difference*. New York: Routledge, 1994.

Ives, Kelly. *Cixous, Irigaray, Kristeva: The Jouissance of French Feminism*. Worcestershire: Crescent Moon Publishing, 1996.

——. *Hélène Cixous: I love you. The Jouissance of Writing*. Maidstone: Crescent Moon, 2008.

Katalin, Lányi. *Same-Sex Ballroom Dance: A Challenge to Patriarchal Gender Order.* North Charleston: VDM Verlag Dr. Müeller, 2008.

Lacan, Jacques & The École Freudienne. *Feminine Sexuality.* New York: W. W. Norton & Company, 1982.

Logan, Joy. "Aphrodite in an Apron; or, the Erotics of Recipes and Self-Representation in Isabel Allende's *Afrodita.*" *RLA: Romance Languages Annual* 10.2 (1998): 685-89.

Lorde, Audre. "Uses of the Erotic: The Erotic as Power." *Writing on the Body: Female Embodiment and Feminist Theory.* Ed. Katie Conboy, Nadia Medina, and Sarah Stanbury. New York: Columbia University Press, 1997.

—. "The Master's Tools Will Never Dismantle the Master's House." *Sister Outsider: Essays and Speeches.* New York: Crossing Press Feminist Series, 1984.

Mc Cabe, Tracy Graham. *Resisting Primitivism: Race, Gender, and Power in Modernism and the Harlem Renaissance.* Ann Arbor: The University of Wisconsin-Madison Press, 1994.

Ludmer, Josefina. "Las tretas del débil". *La sartén por el mango: encuentro de escritoras latinoamericanas.* Río Piedras: Ediciones Huracán, 1984. 47-54.

Main, Mary. *Isabel Allende.* New Jersey: Enslow Publishers, 2005.

Marks, Elaine and Isabelle de Courtivron. *New French Feminisms. An Anthology.* New York: Schocken Books, 1981.

Matz, María Rosario. *La dramaturgia de Cristina Escofet: deconstrucción de los arquetipos femeninos de todos los tiempos.* Diss. (Ph. D) Texas Tech University Press, 2002.

Minsky, Rosalind. *Psychoanalysis and Culture: Contemporary States of Mind.* New Jersey: Rutgers University Press, 1998.

Monzón, Isabel. *Bathory: acercamiento al mito de la condesa sangrienta.* Buenos Aires: Feminaria Editora, 1994.

Moreno, Joseph J. "Candomblé: Afro-Brazilian Ritual as Therapy." *Listening, Playing, Creating: Essays on the Power of Sound.* New York: State University of New York Press, 1995. 217-32.

Noddings, Nel. *Women and Evil.* Los Angeles: University Press of California, 1989.

Olivera Chirimini, Tomás. "Candombe, African Nations, and the Africanity of Uruguay." *African Roots / American Cultures.* Ed. Sheila S. Walker. Lanham: Rowman and Littlefield Publishers, 2001. 256-74.

Ormsby, Eric. "Arabic Philosophy." *From Africa to Zen: An Invitation to World Philosophy.* Ed. Robert C. Solomon and Kathleen M. Higgins. Lanham: Rowman & Littlefield Publishers, Inc., 1993.

Orwell, George. *1984.* New York. Signet Classics, 1977.

Paz, Octavio. *El laberinto de la soledad.* Ciudad de México: Fondo de Cultura Económica, 1999.

Peri, Rossi, Cristina. *Fantasías eróticas.* Barcelona: Editorial Juventud, 1994.

Plaskow, Judith. "Authority Resistance, and Transformation." *Good Sex: Feminist Perspectives from the World's Religions.* New Jersey: Rutgers UP, 2001.

—. *The Coming of Lillith: Essays on Feminism, Judaism, and Sexual Ethics , 1972-2003.* Boston: Beacon Press, 2005.

Puenzo, Lucía. *El niño Pez.* 2009.

Rabinow, Paul. *The Foucault Reader.* New York: Pantheon Books, 1984.

Rathbun, Jennifer. "Atravesando el subconsciente femenino: conversación con Cristina Escofet". *Gestos* 34 (2002): 165-70.

—. *The dramatic feminine discourse of Cristina Escofet.* Diss. (Ph. D) University of Arizona Press, 2002.

Rich, Adrienne. "Compulsory Heterosexuality and Lesbian Existence (1980)." *Blood, Bread and Poetry*. New York: W. W. Norton, 1986. 23-75.
——. *Of Woman Born*. New York: Bantam Books, 1981.
——. "Split at the Root: An essay on Jewish Identity (1982)." *Blood, Bread and Poetry*. New York: W. W. Norton, 1986. 100-123.
Ripoll, Carlos. *José Martí. Antología mayor*. Miami: Editorial Cubana, 1995.
Rotella, Pilar V. "Allende's *Eva Luna* and the Picaresque Tradition." *Critical Approaches to Isabel Allende's Novels*. Ed. Sonia Riquelme Rojas and Edna Aguirre Rehbein. New York: Peter Lang, 1991. 125-37.
Said, Edward W. *Orientalism*. New York: Vintage Books, 1979.
Salgado, Enrique. "Sexo, amor y sentidos". *Erotismo y sociedad de consumo*. Barcelona: Ediciones 29, 1971. 79-94.
Sarduy, Severo. *La simulación*. Caracas: Monte Ávila Editores, 1982.
Sarup, Madan. *An Introductory Guide to Post-Structuralism and Postmodernism*. Athens: University of Georgia Press, 1993.
Schiwy, Marlene A. *A Voice of her Own: Women and the Journal Writing Journey*. New York: Simon and Schuster, 1996.
Sendón de León, Victoria. "Hólos: hacia un feminismo-otro". *Feminismo holístico: de la realidad a lo real*. Eds. Victoria Sendón de León, María Sánchez Jiménez, Monserrat Guntín i Gurguí, Elvira Aparici i Banegas. Bilbao: Cuadernos de Agora, 1994. 49-68.
Silverblatt, Irene & Walter Mignolo. *Modern Inquisitions: Peru and the Colonial Origins of the Civilized World (Latin America Otherwise)*. Durham: Duke University Press, 2004.
Sklodowska, Elzbieta. *La parodia en la nueva novela hispanoamericana (1960-1985)*. Philadelphia: John Benjamins Publishing Company, 1991.
Spencer, Colin. *Homosexuality in History*. New York: Harcourt Brace & Company, 1995.
Spivak, Gayatri & Rooney, Ellen. " 'In a Word': Interview." *The Second Wave: A Reader in Feminist Theory*. Ed. Linda Nicholson. New York: Routledge, 1997.
Sellers, Susan. *Myth and Fairy Tale in Contemporary Women's Fiction*. New York: Palgrave, 2001.
Simola, Magda & Lidia Sansoni. *La primera fue Lilith: La lucha de las mujeres en el mito y en la historia*. Madrid: Libros Dogal, 1978.
Solomianski, Alejandro. *Identidades secretas: la negritud argentina*. Rosario: Beatriz Viterbo Editora, 2003.
Sommer, Doris. *Foundational Fictions: The National Romances of Latin America*. Berkeley: University of California Press, 1991.
Sor Juana Inés de la Cruz. *Obras completas*. México, D. F. : Editorial Porrúa, 1989.
Suleiman, Susan Rubin. "(Re)Writing the Body: The Politics and Poetics of Female Erotism." *The Female Body in Western Culture: Contemporary Perspectives*. Cambridge: Harvard University Press, 1986. 29.
——. *Subversive Intent: Gender, Politics, and Avant-Garde*. Cambridge, MA, and London: Harvard University Press, 1990.
Stam, Robert. *Subversive Pleasures: Bakhtin, Cultural Criticism, and Film*. London: The Johns Hopkins University Press, 1992.
Steimberg, Alicia "Cómo escribir literatura erótica". *Literatura argentina contemporánea* Buenos Aires, septiembre de 1993. www.literatura.org/Steimberg/asTexto2.html
Steinnes, Kris. *Women of Wisdom: Empowering the Dreams and Spirit of Women*. Seattle: Wise Woman Publishing, 2008.
Stewart, Iris J. *Sacred Women. Sacred Dance: Awakening Spirituality through Movement and Ritual*. Rochester: Inner Traditions, 1998.

Strova, María. *The Secret Language of Belly Dancing*. Diegaro di Cesena: Macro Edizioni, 2005.

Taylor, Jennifer. *Identity, Representation, and Community in Lilith Fair*. Thesis. McMaster University, 2005.

Tompkins, Cynthia Margarita. *Latin American Postmodernisms: Women Writers and Experimentation*. Gainesville: University Press of Florida, 2006.

Toms, Michael. "Writing from the Belly." *Conversations with Isabel Allende*. Austin: University of Texas Press, 2004. 169-83.

Torres-Rosado, Santos. *Visión de la mujer en las novelas de Alejo Carpentier*. Los Ángeles: University of California Press, 1990.

Valcárcel, Amelia. *Rebeldes: hacia la paridad*. Barcelona: Plaza & Janés Editores, 2000.

Weedon, Chris. *Feminist Practice and Poststructuralist Theory*. 2da ed. Cambridge: Blackwell Publication, 1996.

Walker, Alice, Isabel Allende y Jean Shinoda Bolen. *Giving Birth, Finding Form*. California: Sounds True, 1993.

Walker Bynum, Caroline. " ' . . . And Woman His Humanity': Female Imagery in the Religious Writing of the Later Middle Ages." *Gender and Religion: On the Complexity of Symbols*. Ed. Caroline Walker Bynum, Stevan Harell, and Paula Richman. Boston: Beacon Press, 1986. 257-88.

Weldt-Basson, Helene Carol. *Subversive Silences: Nonverbal Expression and Implicit Narrative Strategies in the Works of Latin American Women Writers*. Cranbury: Fairleigh Dickinson University Press, 2009.

Wolfgang, Karrer. "Transformation and Transvestism in *Eva Luna*". *Critical Approaches to Isabel Allende's novels*. New York: Press Lang, 1991. 151-64.

Wyatt, Jean. *Reconstructing Desire: The Role of the Unconscious in Women's Reading and Writing*. Chapel Hill and London: The University of North Carolina Press, 1990.

Zatlin, Phyllis. "Feminist Metatheatricalism: Escofet's *Ritos del corazón*". *Latin American Theater Review* 35. 1 (2001): 17-26.

Index

X

Xochipilli, 6, 93.

Z

Zambullida, 74, 80-82, 85.

Y

Yuxtaposición, 2, 4, 29, 30-31, 54, 79,
    82, 90, 98.

About the Author

ZOILA CLARK is Visiting Instructor of Spanish of the Department of Humanities at Florida Memorial University in Miami. She is editor-in-chief of Hispanet Journal, a refereed journal of Hispanic literary and cultural criticism sponsored by the Department of Modern Languages at Florida International University, the Graduate Student Organization of this department, and Florida Memorial University.

Dr. Clark is the author of several articles on Gender Studies such as, "The Bird that Came out of the Cage: A Foucaultian Feminist Approach to Kate Chopin's *The Awakening*," "Eco-feminismo en la narrativa de María Luisa Bombal," "Los sacrificios a Xochipilli en *Nada* de Carmen Laforet," "Buñuel's Version of *Tristana* and the Inversion of Power Relations," "El protagonismo de la corporeidad en *Hable con ella* de Pedro Almodóvar," "Benito Pérez Galdós y el aburguesamiento en *Tristana*,." "El cristianismo y los estereotipos de mujer en las novelas cubanas de la esclavitud: *Francisco: el ingenio o las delicias del campo, Cecilia Valdés y Sab*," among others.

www.ingramcontent.com/pod-product-compliance
Lightning Source LLC
Chambersburg PA
CBHW030653110726
47901CB00002B/701